学習と言語の心理学

Psychology of Learning and Language

中島定彦 著

昭和堂

序

　本書は、学習と言語に関する心理学を独習しようという意欲ある諸君に向けて執筆した。まず第1章で学習心理学と言語心理学の歴史を扱い、第2〜7章は学習心理学、第8〜9章は言語心理学について解説した。

　心理学では経験によって行動や態度などが変わることをすべて「学習」という。学校での勉強はもちろんだが、楽器が弾けるようになったり、スポーツの技能を習得したり、スマホアプリの使い方を憶えたり、困ったときに助けてくれた人を好きになることも学習である。よいことだけではない。悪癖を身につけること、友人に裏切られて嫌いになること、上司に叱られて会社に行けなくなること、努力は必ず報われるわけではないと悟ることも学習である。学習するのはヒトだけでない。よくしつけられた犬や水族館のイルカショーを見ると、訓練による行動変容の見事さを実感できる。数多くの実験研究から、昆虫やカタツムリなどの無脊椎動物も学習することがわかっている。

　英語圏の大学で採用されている心理学概論書の「学習」の章や、専門科目である学習心理学の教科書でおもに取り上げられているのは、ヒトを含むすべての動物に共通する学習のしくみである。これが学習心理学の講義内容の世界標準であるから、本書の多く（第2〜6章）はそうした知識の解説に費やした。しかし、ヒトに特有な学習心理学の問題もある。そこで、第7章ではそれらについて言及した。

　ヒトに特有なものといえば、言語である。外国語学習はもちろんのこと、流行語を知ったり、特定集団で共有される言葉遣い（例えば、若者言葉）をするようになるのも、経験による行動変容だから、学習の一種である。しかし、ヒト以外の動物は言語をもたない。そこでヒトの言語の諸特徴や言語獲得にかかわる問題について第8〜9章で紹介した。

　本書には多くの図表を入れ、内容の視覚的把握を促したつもりである。掲載したグラフのほとんどは実験によって得られたデータであり、その多くは同じ処置を受けた複数の個体の平均値ではあるものの、仮想的曲線ではないため、多少の凸凹がある。グラフの揺らぎから心理学研究のライブ感を味わってほしい。

　本書は、大学の授業の教科書としても使用できる。机の上に置いて広げて見るのに都合がよいよう、ページをめくらず1つのテーマを眺められるようにした。半期15回の授業回数なら、講義担当者は第1〜3章を各1回ですませ、その後の章を各2回とすればよいだろう。ただし、半期科目としては扱う事項がかなり多い。講義担当者は重要だと判断する事項のみ重点的に話し、あとは独習として学生に課したほうがよいかもしれない。

2020年4月　中島定彦

目　次

第1章

学習と言語の心理学

　ヒトを含む動物の行動は、遺伝子によって決定された**生得的行動**（innate behavior）と、経験を通じて獲得する**習得的行動**（acquired behavior）に分類できる。生得的行動は先天的であり、遺伝的な個体差はあるものの、同じ動物種で同じ性ならあまり大きな違いはない。いっぽう、習得的行動は後天的であり、経験の種類や量は個体間で異なるため、個体差が極めて大きくなる。

　習得的行動は生得的行動の上に築かれる。つまり、生得的行動は経験により習得的行動に置き換わる。心理学では一般に、「経験によって生じる比較的永続的な行動の変化」を**学習**（learning）という（Powell et al., 2002）。この定義で重要な点は、「経験」、「比較的永続的」、「行動」の3点である。まず第1に、経験によらない行動変化（例：成熟や老化）は学習ではない。第2に、一時的な行動変化（疲労、興奮、薬物の短期的効果）も学習ではない。なお、「比較的永続的」というのは「わりと長続きする」という意味であり、行動変化が一生涯、続く必要はない。第3に、経験は行動変化として観察されねばならない。ただし、学習は必ずしも行動変化となって現れるわけではない。例えば、試験日に体調を崩して、学習の成果を発揮できないことがある。また、経験による行動変化でも学習とはいえないものがある。例えば、筋力トレーニングの結果、重い荷物が持てるようになるのは学習ではない。そこで、本書では「経験が心に及ぼす長期的効果」を学習と定義して、**学習心理学**（psychology of learning）のさまざまな問題をみていこう。

　さて、行動は非言語的行動と言語的行動に分類することもできる。言語を研究対象とする心理学を**言語心理学**（psychology of language）という。ヒトの言語は動物の「ことば」とは異なり、習得的行動である。学習心理学は生得的行動が習得的行動となるしくみを研究対象とするが、言語心理学は習得的行動のうちヒトの言語を研究する。2つの心理学領域に共通するのは、**習慣**（habit）を扱う心理学だということである。学習心理学は習慣形成を、言語心理学は習慣のうち言語習慣を明らかにする。

　学習心理学と言語心理学は、ともに古代ギリシャ哲学を起源とする。ただし、学習心理学の主流はアリストテレス的・経験論的立場で、心は形作られるものだと考える。いっぽう、言語心理学の主流はプラトン的・合理論的立場で、心は生まれながらにして存在し、次第に開花すると考える。19世紀末以降、学習心理学と言語心理学は独自の発展をとげた。しかし、両領域で活躍した心理学者も少なくない。なお、両領域の重要な接点の1つに、問題解決・概念・知識などを扱う**思考心理学**（psychology of thinking）がある。

1-1　学習心理学の誕生

　学習心理学の源流は古代ギリシャ哲学に遡る。**プラトン**は、竪琴から持ち主の恋人を思い出すという話にふれている（Plato, BC360b）。「竪琴」と「恋人」の結びつきを知っているから、そうした想起が生じたのである。ただし、プラトンは想起の働きを、生得的に心がもつ真理の発見につながるものだとした。したがって、学習とは自分の心の奥底にある真理の探究だということになる。

　いっぽう、プラトンの弟子の**アリストテレス**は、生まれたままの心は何も文字が書かれていない書板だとした（Aristotle, BC350a）。心は経験によって形作られるという**経験論**（empiricism）の始まりである。また、アリストテレスは、人が事物から他の事物を想起するのは、それらが類似・対比（反対）・近接（接近）のいずれかの関係にあるためだとした。例えば、ウマを見るとロバを想起するのは類似関係による。「戦争」という言葉を聞いて平和を想起するのは対比関係である。竪琴と恋人は近接関係にある。稲妻が光ると雷鳴が轟くと想起したり、ペダルを踏むと遠くで噴水が上がることを想起するのは、それらが空間的には近接していなくとも、時間的には近接しているからである。

　時代が下って17世紀末、英国の哲学者**ロック**は、心は文字が記されていない白板だと論じて経験論を再興し、対象に対して抱く観念どうしの「連合」（**観念連合**, association of ideas）という考えを提出した（Locke, 1700）。ロックは、暗闇を悪霊と結びつけて脅える子どもの例、危害を加えた人物を恐れるようになる男の例、蜂蜜を食べすぎたため「蜂蜜」という言葉を聞くだけで吐き気を催す男の例、無理やり本を読まされて本嫌いになる子どもの例、などを心の「狂気」として紹介している。今でいう、学習性の問題行動である。

　18世紀になると、英国の**ハートリー**（D. Hartley）や**ヒューム**（D. Hume）が観念連合を心の正常な働きだとし、ミル父子（J. Mill & J. S. Mill）、ベイン（A. Bain）、スペンサー（H. Spencer）ら多くの英国人哲学者が観念連合の諸法則を論じるようになった（Warren, 1921）。これら**連合心理学**（連想心理学, association psychology）に科学的根拠を与えたのが、**パブロフ**（I. P. Pavlov）によるイヌの唾液条件反射の研究（→ p.26）と**ソーンダイク**（E. L. Thorndike）によるネコの問題箱解決行動の研究（→ p.56）であった。

　この２つの研究は19世紀末に始まったが、同時期に、実証科学としての学習心理学の確立に貢献した研究がもう２つある（今田, 1996）。そのうちの１つはヒトの記憶に関する**エビングハウス**の研究（Ebbinghaus, 1885）である。

　エビングハウスは「WOL」「TIR」「FAS」のような**無意味綴り**（nonsense syllable）を多数用意し、それらを並べてリストにした。繰り返し暗記練習すると、例えば「WOL」を見たときに次の「TIR」が答えられるようになる。これを**系列予言法**（serial anticipation

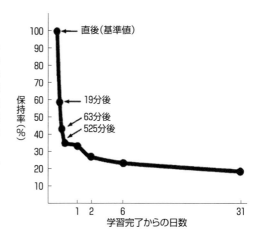

図1-1　忘却曲線
Ebbinghaus（1885）より作図
縦軸は、学習がどれだけ保持されているかを示す指標で、学習時に要した時間から再学習に要した時間を引き、学習時に要した時間で割った値を百分率で示している。再学習が不要である程度なので「節約率」という。なお、英語では savings score で、複数形の savings は「貯蓄」の意味があるから、記憶の「貯蓄率」とも表現できる。ここでは、学習が保持されている割合という意味で「保持率」とした。

method）という。すべての綴りを完全に答えられるまで学習してから、しばらくしてテストするといくらか忘れている。そこで、また完全に答えられるまで**再学習**（relearning）する。図1-1は再学習がどれだけ不要だったか（つまり、元学習の蓄えがどれだけ残っていたか）を示したものである。

　学習心理学の実証科学化に貢献したもう1つの研究は、**ブライアン**と**ハーター**によるモールス信号（「ツー」という長符と「トン」という短符から構成される電信システム）の作業の習得に関する実験（Bryan & Harter, 1897）である。図1-2に示すように、練習回数（試行数）が増えると作用効率が増大する。彼らの実験は運動学習（→ p.86）研究の嚆矢といえる。

　この図のように横軸に経験量（試行数や時間）、縦軸に行動の遂行成績を示したグラフを一般に**学習曲線**（learning curve）という。しかし、偶然や気分などの要因も成績に作用するから、学習を正確に反映した曲線かどうかは慎重な検討を必要とする。

　なお、縦軸が正反応数や反応速度などのときは右上がり、誤反応数や所要時間などのときは右下がりのグラフ線が成績向上を意味する。もし成績の停滞があれば、グラフになだらかな**高原**（plateau）が確認できる。学習曲線は運動学習以外にもさまざまな学習について描くことができる。

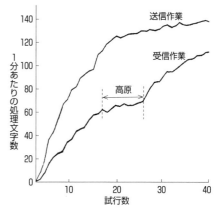

図1-2　電信作業（送信・受信）課題の成績
Bryan & Harter（1897）を改変
受信作業の学習の中盤に成績が停滞する時期（高原）がみられる。

1-2 行動主義心理学

　連合学習の科学的探索の嚆矢となったパブロフの研究（→ p.26）とソーンダイクの研究（→ p.56）は、20世紀のアメリカで大いに発展した。ソーンダイクの研究を指導したのは、アメリカ心理学の父**ジェームズ**（W. James）である。「意識の構造」の究明を目指したドイツの**ヴント**（W. Wundt）とは違って、ジェームズは経験と「意識の機能」を重視した。この立場は、行為を通じての学習、つまり体験学習（現在のアクティブ・ラーニングに相当する）の大切さを主張した**デューイ**（J. Dewey）や、意識の適応機能を研究テーマとする**機能主義心理学**（functional psychology）を確立した**エンジェル**（J. R. Angell）に引き継がれた（今田, 2005）。

　デューイとエンジェルの弟子であった**ワトソン**は、意識の機能からさらに進め、心理学の研究対象は行動に限るべきだという**行動主義**（behaviorism）を唱えた（Watson, 1913）。意識の機能が外界に作用する（効果を及ぼす）ことであるなら、作用である行動こそ研究すべきだというのである。なお、この哲学的背景として、デューイの師である哲学者**パース**（C. S. Peirce）に始まり、ジェームズが広めた「効果あるもの（役立つもの）が正しい」という**実用主義**（**プラグマティズム**, pragmatism）の思想がある（James, 1907）。実用主義では効用や実践が何よりも重要だからである。

ジェームズ

ワトソン

　ワトソンはパブロフの条件反射実験を手本に、**刺激**（stimulus）と**反応**（response）の関係を明らかにすることを目指した（Watson, 1916, 1919）。このため、彼の主導した研究を **S-R 心理学**（S-R psychology）という。ワトソンは不倫・離婚スキャンダルで大学を追われて広告業界に転身したが、その後も専門書を著して学界に影響を与えた。例えば、習慣を、操作習慣（manual habit）・言語習慣（language habit）・内蔵習慣（visceral habit）に分類した上で、目に見えるかどうか（顕現的か非顕現的か）も区別して、思考は非顕現的な言語習慣だとした（Watson, 1930）。

　ハル（Hull, 1943）、**トールマン**（Tolman, 1932）、**スキナー**（Skinner, 1938）らは学習の諸原理を体系化した行動理論を構築した。この動きを**新行動主義**（neo-behaviorism）という。この 3 名の新行動主義者には次の共通点がある（佐藤, 1976）。

（1）ワトソンより洗練された科学哲学と方法論に基づき、体系的な理論構築を目指した。

（2）行動をワトソンのように微視的（分子的 molecular）に捉えるのではなく、巨視的（総体的 molar）に捉えようとした。

ハル　　　　　　　トールマン　　　　　　スキナー

（3）刺激と反応の関係をワトソンのように機械的に捉えるのではなく、力動的に捉えよ
　　うとした。

（4）心理学をワトソンのように生理学に還元せず、心理学のレベルで理論構築しようと
　　した。

　ハルやトールマンは、心を刺激（環境）と反応（行動）をつなぐ**仲介変数**（intervening variable）として捉え、間接的に心を研究した。いっぽう、スキナーは、心も行動とみなして研究する**徹底的行動主義**（radical behaviorism）の立場をとった。

　新行動主義の心理学者らは、迷路（→ p.71）などの装置を用いて、実験動物（特にラット）の行動データを集め、学習に関する現象を次々と発見した。それらは、ヒトを含むあらゆる動物に当てはまる普遍的な学習原理として発表された。1960〜1970年代になると、学習の生物的制約（→ p.36、83）の発見によって、学習原理の種間普遍性に疑問が投げかけられた。しかし、その後の研究から、一定の制約はあるものの、おもな学習原理には普遍性があることが判明している。

Topic　行動療法

　行動主義者らが発見した学習に関する知見とその理論的枠組はさまざまな行動変容技法を生み出した。行動主義的学習理論に基づく心理療法を**行動療法**（behavior therapy）という。行動療法はスキナーらが精神病患者に対して行った取り組み（Lindsley et al., 1953）に始まるが、精神分析療法は効果がないと批判していたイギリスの心理学者**アイゼンク**（Eysenck, 1960）が編纂した『行動療法と神経症』により、広く知られるようになった。行動療法の治療対象は心ではなく行動である。適切な行動が獲得されていないか、不適切行動が獲得されているために、不適応状態が生じると行動療法家は考える。このため、行動療法では、適切な行動を習得させ、不適切行動は除去するという方策を取る。

1-3　認知心理学的な学習研究

　ミラー（G. A. Miller）による記憶の容量に関する研究（Miller, 1956）などをきっかけとして、心の科学的解明を行動を通じて行うのではなく、内部メカニズムとして積極的に論じる**認知心理学**（cognitive psychology）が盛んになった。なお、認知心理学のうち、心をコンピュータになぞらえて理解しようとするのが**情報処理心理学**（information processing psychology）である。

　認知心理学が盛んになると、学習研究でも、課題を与えられた側（学習者）の課題解決への積極的関与や知的操作に関心がもたれるようになった。こうした動きは、ピアジェによる認知発達研究（Piaget, 1949）の知見や、学習者各人の適性に応じて処遇（教授法）を決めるべきだという**適性処遇交互作用**（aptitude-treatment interaction, ATI）の考え（Cronbach, 1957）を取り入れながら、学校現場からの要請に応じる形で、教科の学びに特化した研究を生み出した。

　例えば、**ガニェ**（Gagné, 1977）は、学習には、（1）ものごとを憶える「言語情報の学習」、（2）新しい事例にも適用できる規則を学ぶ「知的技能の学習」、（3）効果的に学ぶための「認知的方略の学習」、（4）筋肉を使って体を動かす「運動技能の学習」、（5）価値を選び行動を方向づける「態度の学習」があり、これらを促す教育が必要だと論じた。

　ガニェは、学習効果を高めるため教師は9つの点（**9教授事象**, nine teaching events）に留意すべきだとした（Gagné & Briggs, 1979）。それは、（1）学習者の注意を喚起する、（2）授業の目標を知らせる、（3）前提条件を思い出させる、（4）新しい事項を呈示する、（5）学習の指針を与える、（6）練習の機会を作る、（7）フィードバックを与える、（8）学習の成果を評価する、（9）保持と転移を高める、である。なお、「おもしろそう」と注意（attention）を喚起し、「やりがいがありそう」と関連性（relevance）に着目させ、「できそう」と自信（confidence）をもたせ、「やってよかった」と満足感（satisfaction）を与えることを重視する理論（頭文字からARCSモデル）も提案されている（Keller, 2010）。

　教育改善のための応用科学を**教育工学**（educational technology）という。特に重要なのが、最適な学習効果を生む教育設計を行う**インストラクショナル・デザイン**（instructional design, ID）である（Gagne & Briggs, 1974）。ID研究の源流の1つはスキナーの心理学にあるため、行動主義者も適切な随伴性（→ p.60）の設計という視点でIDに参画している（島宗, 2004）。しかし、教育工学の主流は認知的アプローチで、状況的学習論（→次節）を含め、1990年代以降は**学習科学**（learning sciences）と総称されている。

ガニェ

6

1-4　状況的学習論

　認知心理学的な学習研究は1980年代に大きな転機を迎える。徒弟制（弟子が親方から技術を見習う制度）をもつ職業集団を調査した文化人類学者らの報告に触発されて、学習を個人経験の結果ではなく、文化社会的なものだと捉える立場が現れたのである。集団（実践共同体）に新しく加わった初心者（新参者）は、その状況で日々実践しつつ、知識や技術を習得し、集団のメンバーであるとの自覚をもつようになっていく。このように、具体的な社会的環境の場で行われる学習を「状況に埋め込まれた学習」という（Lave & Wenger, 1991）。

　学習とは状況に埋め込まれたものだとする**状況的学習論**（situated learning theory）では、学び手は受け身の存在ではなく、共同体に積極的に参加する主体である。まっとうな共同体（正統的共同体）には3つの特徴がある。つまり、（1）共同体の目的があり、（2）共同体のメンバーが相互に関与し、（3）共同体が長きにわたって培った共有資産（使い込まれた道具や技術、用語など）をもつ（Wenger, 1998）。共同体の実践活動には、こうした特徴をもつ中心的活動と、それに付随する周辺的活動がある。例えば、料理人集団なら、煮炊きや味つけなどの調理は中心的活動であり、ジャガイモの皮むきや皿洗いは周辺的活動である。学び手は正統な（つまり、正しく妥当である）共同体の中心的活動に、周辺部から近づこうとする（図1-3）。これを**正統的周辺参加**（legitimate peripheral participation, LPP）という。

　状況的学習論では、学習とは共同体（文化・社会・集団）に積極的に参加することだが、新参者が共同体に参加すると共同体の側も変質する。つまり、学び手は共同体に参加させてもらうのではなく、主体的に参加する。このとき、学び手の変化の軌跡（**トラジェクトリー** trajectory）は個人的なものである（Wenger, 1998）。いいかえれば、学びの個人的トラジェクトリーは、自己発見・自己実現の道筋である。いっぽう、学校などの教育システムや具体的カリキュラムは、何をどのように学ばせるかといった道筋（制度的トラジェクトリー）である。

　徒弟制を参考にした認知心理学的指導法（**認知的徒弟制**, cognitive apprenticeship）は、以下の4段階からなる（Collins et al., 1989）。まず、熟達者の行為を見て学ぶよう初心者に指導する（モデリング）、次に、レベルに合わせて具体的指導を行う（コーチング）。その後は、できるところは自分でやらせ、できないところを補助する（足場づくり）。最後に、補助を徐々になくしていく（フェイディング）。

図1-3　実践共同体への参加

1-5 言語心理学の歴史

　まず、言語に関する学問である**言語学**（linguistics）の始まりから述べよう。古代ギリシャの哲学者**プラトン**は単語を、名詞的要素オノマ（onoma）と動詞的要素レーマ（rhema）に分類した（Plato, BC360a）。文を主語と述語に分かつ伝統はここに始まった。その弟子**アリストテレス**は、前置詞・接続詞・冠詞などそれ自身では意味をもたないものをシュンデスモイ（syndesmoi）として加えて三品詞とした上で、言語は文字・音節・単語・文の階層構造をなすことや、語の屈折（名詞の格変化、形容詞の比較級・最上級、動詞の時制など、文脈に応じた語形変化）について論じた（Aristotle, BC350b）。

　19世紀になると、さまざまな言語の語彙や文法構造を比較する比較言語学、さらに類似性の点から言語を分類する言語類型論、そうした研究をもとに各言語の歴史的発展を解明する歴史言語学が盛んになった。ドイツの元外交官で歴史言語学者の**フンボルト**（Humboldt, 1836）は、「言語は作品ではなく活動である」と述べ、言語を生き物だとみなす言語有機体論を主張した。また、言語は思考を形成する器官だと主張し、言語の違いは単に文字や音声の違いに留まらず、世界観の違いだとした。後の言語相対論（→ p.112）につながる見解である。言語構造と民族との関連を考究したフンボルトの思想は、実証的心理学の父**ヴント**（→ p.4）に大きく影響した（Wong, 2009）。ヴントは1900〜1920年に『民族心理学』全10巻を出版したが、その第1〜2巻は言語に当てられている。この意味で、言語心理学の祖はフンボルト、あるいはそれを心理学に取り込んだヴントだといえるだろう。

　20世紀初め、スイスの言語学者**ソシュール**は、言語を記号の体系としてとらえ、その構造を明らかにしようとした（Saussure, 1916）。**構造主義言語学**（structural linguistics）の始まりである。ソシュールによれば、人間の言語活動（ランガージュ）は、言語学の対象となる言語構造である**ラング**と、言語の使い手個人の要因に基づく**パロール**に分類できる（図1-4）。ラング研究では、言語構造の歴史的変化を調べる通時的研究（歴史言語学）だけでなく、同一時代（特に現代）の言語構造の諸規則に注目する共時的研究が必要だとして、その体系を明らかにすることを言語学の主目的とした。

　ソシュールは、言語体系の中で用いられる単語は記号（シーニュ）として捉えられることを示した。つまり、語彙は単語である記号表現（シニフィアン：能記）と、その指示対象である記号内容（シニフィエ：所記）の関係があるから機能する。こうした記号関係を考究する学問を**記号学**（semiology）という。

　いっぽう、アメリカで行動主義の思想的背景となる実用主義を提唱した**パース**（→ p.4）は、記号媒体（sign vehicle）、指示対象

ソシュール

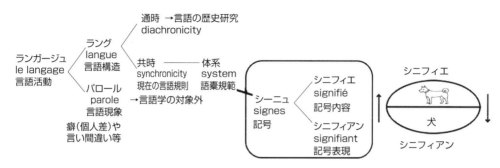

図1-4　ソシュールの言語理論の概要

(designatum)、解釈項（interpretant）の３点で捉えた。これを**記号論**（semiotics）という。哲学者**モリス**は記号論を、（１）記号と記号の関係を扱う**構文論**、（２）記号とそれが指すものとの関係を扱う**意味論**、（３）記号とそれを使う人との関係を扱う**語用論**の３部門に分けた（Morris, 1938）。さらに、モリスはハル派の媒介理論（→ p.126）を取り入れて記号論を展開した（Morris, 1946）。このように、アメリカの言語学は行動主義的な色彩が強かった。当時の代表的な行動主義言語学者に**ブルームフィールド**（Bloomfield, 1939）がいる。

　心理学と言語学の学際領域として**心理言語学**（psycholinguistics）という言葉を初めて使用したのも行動主義者**カンター**（Kantor, 1936）である。1953年夏に心理言語学の集会が開催され、その成果が翌年発表されたが、ここでもハル派の行動主義者**オズグッド**（→ p.126）が代表編者となった（Osgood & Sebeok, 1954）。同年に出版された『社会心理学ハンドブック』で心理言語学の項目を担当した**ミラー**（Miller, 1954）も行動主義的研究を行っていたが、1960年には**ブルーナー**（→ p.85）とともにハーバード大学に認知研究センターを発足させた。認知心理学の旗揚げである（Baas, 1986）。その後、**チョムスキー**（→ p.106）の活躍により、心理言語学はさらに認知主義化する（Levelt, 2012）。

　現在の言語学は、言語音声を研究する**音声学**（phonetics）、音韻体系を研究する**音韻論**（phonology）、語の構造を研究する**形態論**（morphology）、語が他の語と結合して作る文の構造を研究する**統語論**（構文論, syntax）、語の意味を研究する**意味論**（semantics）、単語の集まりである語彙（vocabulary）について研究する**語彙論**（lexicology）、言語表現が状況や相手によって異なる点を研究する**語用論**（pragmatics）などからなる。言語心理学も、これらの分類にそって領域分けすることができる。なお、先に述べたように、ソシュールはパロールを言語学の対象外としたが、言語心理学では、パロールも研究対象となる。また、言語発達も言語心理学の重要な研究分野である。

チョムスキー

コラム：認知行動療法

　治療に年単位の時間を要する精神分析療法を見限って、短期的に改善が得られる心理療法を模索した**エリス**（Ellis, 1957）は、**論理療法**（rational therapy）を編み出した。彼は、論理（言語的思考）が情動体験に強く影響するとして、不合理な信念に論駁（ろんばく）すれば心理的不適応を克服できると主張した。例えば、特定の人物から嫌われて悩むのは、「みんなに好かれなくちゃ」という不合理な信念によるのかもしれない。すべての人に好かれるにこしたことはないが、そうでなくてもよい。このように、信念の妥当性を自問して、発想を転換すれば問題解決につながる。

　ベック（Beck, 1970）は論理療法を参考にして、認知の歪みを修正することで不適応状態（特にうつ状態）を克服する**認知療法**（cognitive therapy）を提唱した。行動療法は観察可能な行動だけを治療対象とするのに対し、認知療法は予期・判断・信念・価値観といった内的反応も治療対象とする。しかし、ベックは、行動療法と認知療法には以下のような共通点もあると指摘した。

（1）構造化された治療的面接場面で、治療者が積極的に相手に働きかける。

（2）治療者は実際の症状や行動上の問題に焦点をあて、相手の問題を操作するための一連の治療計画を立てる。

（3）児童期の経験や発達初期の家庭内人間関係が、精神分析学のいうような形で症状を引き起こすことはないとする。

（4）無意識や防衛機制といった精神分析的な説明も排除する。

（5）獲得された不適応な反応パターンの学習は消すことができる。

　行動療法も認知療法も検証可能な科学的アプローチに基づく心理療法であり、実践的側面では親和性が高い。このため、ベックの認知療法を含め、認知に重きをおく他の心理療法（例えば、エリスの論理療法の発展である論理情動療法）をも包括して、**認知行動療法**（cognitive behavior therapy）と総称されている。

　認知行動療法は、言語によって生じた不適応を言語によって改善する心理療法である。しかし、言語の束縛をすり抜けることによっても不適応状態を脱することができる。これが、次世代（行動療法時代から数えれば第3世代）の認知行動療法と呼ばれるもので、**マインドフルネス**（mindfulness：今この瞬間に注意を向け、現実をあるがままに把握して、思考や感情に囚（とら）われない心の状態）を重視する。代表的なものに、**アクセプタンス＆コミットメント・セラピー**（→ p.124）がある。

　行動療法は行動的学習理論に基づいて考案されたもので、言語に頼らない心理療法である。いっぽう、認知行動療法は行動改善のために言語を積極的に用いる心理療法である。マインドフルネスを重視する新世代の認知行動療法も言語を重視するが、その束縛からの解放を目指す心理療法である（武藤, 2019）。

第2章

生得的行動・初期学習・馴化

　第1章の冒頭で説明したように、われわれヒトを含む動物の行動は、遺伝子によって決定された生得的行動と、経験によって獲得される習得的行動からなる。習得的行動は生得的行動の上に築かれる。したがって、学習のしくみについて知るためには、生得的行動についてある程度の知識が必要となる。そこで、本章ではまず、生得的行動の分類（向性・無条件反射・本能的行動）とその例について紹介する。

　ところで、ネコがネズミを取るのは本能的行動だと思われている。しかし、離乳後単独飼育したネコで、成長後にネズミを見た際に捕殺するのは約半数である（Kuo, 1930）。いっぽう、親ネコのネズミ捕殺行動を見て育ったネコはほぼすべてがネズミを捕殺する。逆に、ネズミと一緒に育ったネコはそのネズミをまったく殺さない。つまり、生得的行動の多くは経験の影響を受けて習得的行動に変化する。これは学習の成果である。

　本章では、生後初期の短期間に行われる初期学習や、馴化についても取り上げる。初期学習は、ヒトの言語獲得とも関連が深い（→ p.120）。いっぽう、馴化は出来事に対する馴れ（慣れ）の学習である。生得的行動は、それを引き起こす刺激が短時間に繰り返して生じると、次第に弱まる。これが馴化である。つまり、刺激を経験することによって本来見られるべき行動が弱められると、それはもう生得的とはいえず、習得的行動ということになる。

　馴化は無脊椎動物からヒトまで、おそらくすべての動物でみられる学習の基本的なしくみである。図2-1は、淡水の巻貝の一種であるヨーロッパモノアラガイを対象とした馴化の実験結果を、学習曲線として示したものである。

図2-1　モノアラガイの馴化
Cook（1970）を改変
頭の上で大きな影が動くと、モノアラガイは貝殻の中に体を引っ込めるなどの防衛反応を示す。これは生得的行動である。この実験では、1秒間影が動く試行を20回、10秒間隔で実施したところ、防衛反応は徐々に消失した。

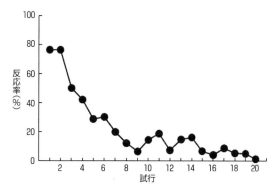

図2-2　電球に集まる蛾（正の光走性の例）
https://flickr.com/photos/37180297@N08/
34229649361

2-1　向性（走性と動性）

（1）走性

　夜間、外灯には多くの虫が集まってくる。このように、刺激の方向に関して生じる生得的な単純移動反応を**走性**（taxis）という。走性は刺激に近づく**正の走性**（positive taxis）と、刺激から遠ざかる**負の走性**（negative taxis）に区分できる。また、刺激の種類によっても分類可能であり、右頁の表はそれをまとめたものである。走性には、この表にあげたもののほかに、気流走性（走風性, anemotaxis）や温度走性（走熱性, thermotaxis）などがある。

（2）動性

　枯草や石の下にいるワラジムシやダンゴムシは、正の走湿性をもつといわれることがある。しかし、これらの動物は湿度の高い場所に直線的に進むわけではない。乾いた場所では活動性が高いため（図2-3）、自然と湿った場所に移動してしまうのである。この逆に、トノサマバッタは湿った場所で活動性が高いため、自然と乾いた場所に移動してしまう（図2-4）。このように、結果的に一定の場所に向かうが、身体運動そのものに方向性がないものを、走性と区別して**動性**（kinesis）ということがある。この場合、走性と動性の総称として**向性**（tropism）という言葉が用いられる。向性（走性と動性）は、無脊椎動物や魚類など、比較的単純な神経系をもつ動物にみられる生得的行動である。

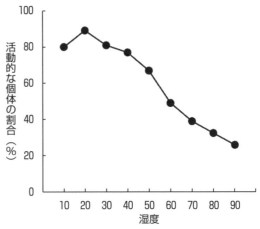

図2-3　ワラジムシの活動性
Gunn（1937）を改変

走性の種類	正の走性を示す動物の例	負の走性を示す動物の例
光走性（走光性） phototaxis	【接近】ガ、コガネムシ、ショウジョウバエ、イワシ、イカ	【逃避】プラナリア、ミミズ、ゴキブリ、ノミ
湿度走性（走湿性） hydrotaxis	【接近】ミミズ、ダニ、ワラジムシ・ダンゴムシ（動性）	【逃避】ゾウムシ、トノサマバッタ（動性）
化学走性（走化性） chemotaxis	【接近】カ（二酸化炭素）	【逃避】ゴキブリ（シナモンなどの精油）
電気走性（走電性） galvanotaxis	【陽極への接近】ミミズ、ヒトデ	【陰極への接近】ゾウリムシ
流れ走性（走流性） rheotaxis	【上昇】サケ・マス（産卵期）	【下降】サケ・マス（成長期）
重力走性（走地性） geotaxis	【下降】ミミズ、ノミ、貝類の多く	【上昇】カタツムリ、ウニ

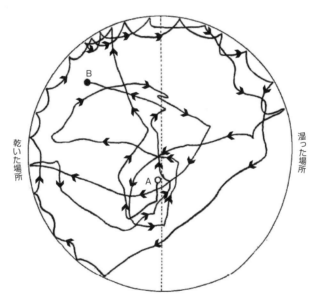

図2-4　1匹のトノサマバッタの移動軌跡 Kennedy（1937）
左半円は低湿度、右半円は高湿度に設定してある。A：出発点　B：8分後の位置

2-2　無条件反射

　いきなり大きな音がすると驚く。これは生得的行動の一種で**驚愕反射**（startle reflex）という。あまり大きくなくても、聞き慣れない音であれば、音源に体や顔を向ける。これを**定位反射**（orienting reflex）、あるいは「**おやなんだ**」**反射**（what-is-it reflex）という。このように、刺激に対して生得的に（つまり、過去の経験が関与しないという意味で「無条件」に）、身体部位が反応することを**無条件反射**（unconditioned reflex）という。驚愕反射や定位反射以外にもさまざまな無条件反射がある。ヒトを含む哺乳類の多くに見られる無条件反射の例を下表に示す。無条件反射には、感覚神経と運動神経をつなぐ介在ニューロンがある場合（例：屈曲反射）と、感覚神経が運動神経に直接つながっている場合（例：膝蓋腱反射）がある（図2-5）。

名称	刺激	反応	反射中枢
屈曲反射	手や足への侵害刺激	手足の引込め	脊髄
膝蓋腱反射	ひざ下への打撃	ひざ下の伸長	脊髄
排尿反射	膀胱圧	排尿	脊髄
くしゃみ反射	ほこり、冷気など	くしゃみ	延髄
唾液反射	口中の食物・酸	唾液分泌	延髄
眼瞼反射（瞬目反射）	強い光、ほこりなど	まばたき	中脳
瞳孔反射	明るさの変化	瞳孔の大きさ変化	中脳
立ち直り反射	身体の傾き	姿勢の崩れの補正	中脳

　無条件反射のうち、生後初期にのみ見られるものを**原始反射**（primitive reflex）または**新生児反射**（newborn reflex）という。ヒトの新生児における原始反射の例を下表に示す。原始反射は無力な新生児が生きるには必要だが、単純で柔軟性に欠けるため、成長に伴い消失し、学習による行動（習得的行動）に置き換わる。

名称	刺激	反応	反射中枢
口唇反射	唇への接触	刺激の方向を向く	脊髄
吸啜反射	乳首・指先	吸う	脊髄
把握反射	手のひらの圧迫	握る	脊髄
バビンスキー反射	足の裏の圧迫	親指の反り返り	脊髄
モロー反射	身体落下や大きな音	抱きつき	脳幹
前方緊張性迷路反射	頭部の前方への傾き	身体の屈曲	脳幹
後方緊張性迷路反射	頭部の後方への傾き	身体の伸長	脳幹

2つ以上の反射が連続して起きることを**反射連鎖**（reflex chain）あるいは**連鎖反射**（chain reflex）という。例えば、新生児がミルクを飲むときは口唇反射から吸啜反射への反射連鎖が生じる。また、高所から落下するネコは、首を水平にする収縮反射に身体回転反射が続く反射連鎖によって、地面に着地する。

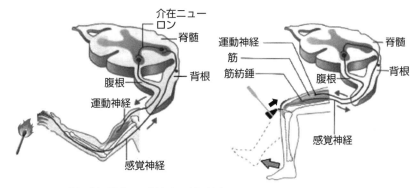

図2-5　屈曲反射（左）と膝蓋腱反射（右）

Topic　定位反射を用いた乳児の認知能力研究

　驚愕反射や定位反射は音に限らず、新奇な刺激全般に対して生じる。定位反射によって引き起こされる諸反応のうち、刺激対象への注視行動は大脳皮質が中枢であり、注視時間は対象への興味の強さを反映すると考えられる。例えば、5か月児の目前で図2-6のような実験を行うと、可能条件よりも不可能条件で注視時間が長い。「何かおかしい」ことに気づいているのである。つまり、5か月児は「1＋1＝2」は正しいが「1＋1＝1」は間違いだと認識しているわけである。このように、「本来あるべき状態」からの逸脱（不可能条件）によって注視時間が長くなるかどうかを調べることを**期待違反**（violation-of-expectation）法といい、言語能力に乏しい乳児や動物で知的能力を研究する際に用いられている。

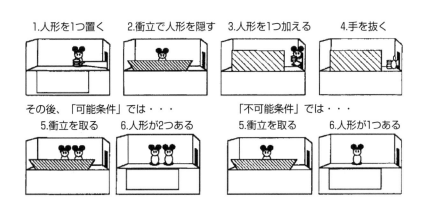

図2-6　5か月児の「計算能力」を定位反応で調べる実験手続き Wynn（1992）

2-3　本能的行動

　生得的行動のうち、内的衝動に基づく複雑な行動を**本能的行動**（instinctive behavior）と呼び、刺激に対する単純な接近・逃避行動である向性や、身体部位の単純反応である無条件反射と区別する。図2-7に本能的行動の例としてイトヨ（トゲウオ）の配偶行動を示す。このように、本能的行動は遺伝的に決定された**固定的動作パターン**（fixed-action pattern）として出現する。

　オーストリアの動物行動学者**ローレンツ**（K. Lorenz）によれば、内的衝動が高まっているときに、これを解き放つ**解発子**（releaser、**解発刺激** releasing stimulus）が出現すると本能的行動が生じる。これを**生得的解発機構**（innate releasing mechanism）という。解発子は**信号刺激**（sign stimulus）や**鍵刺激**（key stimulus）とも呼ばれ、動物種や本能的行動の種類によって異なる（図2-8、図2-9）。

　両立しない複数の衝動があるときには、**転位行動**（displacement behavior）が生じることもある。例えば、縄張りをめぐって争うイトヨでは、攻撃衝動と逃避衝動が拮抗すると、攻撃行動でも逃避行動でもなく、逆立ち行動がみられる。また、衝動が亢進しているにも関わらず解発子が存在しないと、餌がないのに食べる動作をするなどの無目的な**真空活動**（vacuum activity）が出現する。

　アメリカの動物心理学者**クレイグ**（W. Craig）は、本能的行動を**欲求行動**（appetitive behavior）と**完了行為**（consummatory act）に分け、欲求行動は経験やその場の環境に応じて変容するが、完了行為は遺伝的に規定された種に特有な固定的行動であるとした。図2-10はクレイグの考えに基づき、オランダの動物学者**ティンバーゲン**（N. Tinbergen）が描いたイトヨの生殖本能の模式図である。

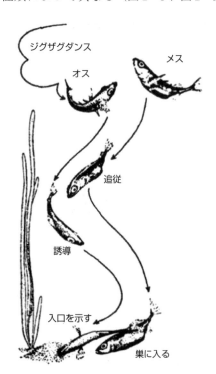

図2-7　イトヨの配偶行動における固定的動作パターン

Tinbergen（1951）

互いの外見や動作が相手の行動の解発子となって、一連の配偶行動が生じる。配偶行動の途中で雌が雄から離れると一連の動作は完了しない。つまり行動には一定の柔軟さがある。このため「固定的」「パターン」といった融通のなさを意味する言葉を避けて、**生得的反応連鎖**（innate reaction chain）とよぶこともある。

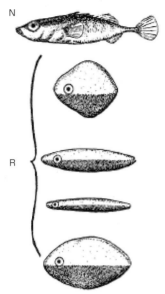

図2-8 イトヨの雄の攻撃行動を引き
　　　 起こす解発子

Tinbergen（1951）

他個体雄によく似た模型（N）でも腹部が赤
くないと攻撃しないが、形が異なっていても
腹部が赤い模型（R）には攻撃する。

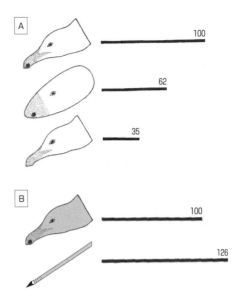

図2-9 セグロカモメのヒナの親鳥への餌ねだり
　　　 行動（くちばしつつき行動）を引き起こす
　　　 解発子

Tinbergen & Perdeck（1950）

A：くちばし先端近くの赤い点と頭部のとがった形の両
　 方が重要であることがわかる。
B：棒先に赤い点をつけたものは本物そっくりの模型よ
　 りも多くつつかれる。こうした刺激を**超正常刺激**
　 （supernormal stimulus）という。

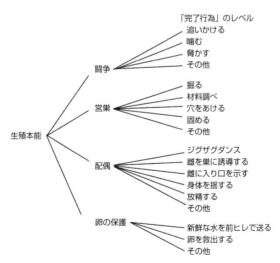

図2-10 イトヨの生殖本能　Tinbergen（1951）

2-4　初期学習

　生後初期の短期間に行われる学習を**初期学習**（early learning）という。例えば、手本の歌を聞いて記憶できる時期が生後初期に限定されている鳥種がいる。このように限定された学習可能な時期は**臨界期**（critical period）と呼ばれる。なお、「臨界期」という言葉は、その時期を過ぎるとまったく学習されず、事後修正もできないこと（学習の不可逆性）を意味する。しかし、学習可能な時期の境界はそれほど厳密ではないため、**感受期**（敏感期, sensitive period）という言葉が用いられることもある。

　カモやニワトリなど離巣性（早成性）の鳥のヒナは、孵化後すぐに見た動く物体をその後、追いかけるようになる（図2-11）。この現象を**刻印づけ**（刷り込み, imprinting）という。カモの場合、刻印づけの臨界期は孵化直後から1日以内である（図2-12）。

図2-11　カモの母鳥に追従する雛鳥
https://www.flickr.com/photos/31064702@N05/4326206563

　どのような対象に刻印づけられるかは経験によるため、刻印づけは初期学習の一種である。しかし、臨界期の存在から、刻印づけは生得的要因が深く関与した特殊な学習だといえる。なお、刻印づけ対象への追従反応は親に対する**愛着**（attachment）だと考えられるため、**子の刻印づけ**（filial imprinting）とも呼ばれる。これに対し、刻印づけ対象に対して成熟後に求愛行動を行う現象を**性的刻印づけ**（sexual imprinting）という。

　他者とかかわって生きる動物では、社会性を身につけることも重要である。他者と良好な関係を築く**社会化**（socialization）にも感受期がある。例えば、スコットとフラー（Scott & Fuller, 1965）は、子犬を親や同胞から離し、家庭でペットとするのに最適な時期は8〜12週だと結論した。これより早いと、子犬は他の犬と正常な社会的関係を築く機会をもてず、人間とは親しい関係を築けても、同種との正常な社会的関係（配偶行動や育児も含む）が難しくなる。逆に、この時期以降に人間と初めて触れ合うと、他犬との社会的関係はよくても、人間に対して臆病な犬になる。ただし、8週までに人間との接触経験があった場合には、ペットとする最適時期は12週以降である。

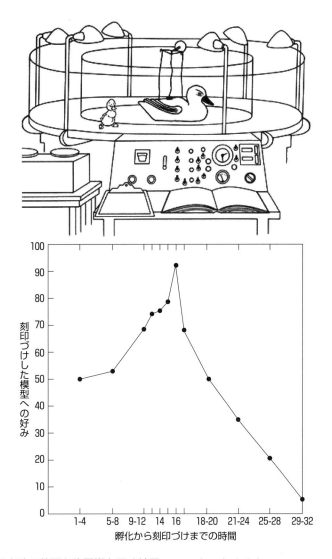

図2-12　刻印づけ実験の装置と臨界期を示す結果　Hess（1973）を改変
人工孵化したマガモは孵化から一定時間後に、模型のカモが円形軌道上を動く装置に10分間入れられた。翌日、刻印づけ時に用いた模型と、用いなかった模型のどちらを好むか選択テストを行った。孵化から十数時間後に刻印づけを行った群が最も強い好みを示し、孵化から1日以上経過すると刻印づけは困難である。

2-5　馴化とその特徴

　刺激が繰り返し与えられると、その刺激が喚起する生得的行動は次第に小さくなる。これを**馴化**（馴れ, habituation）という。表2-1は馴化の諸特徴をまとめたものである。特徴1は図2-13〜2-17の実験例のすべてに見て取ることができる。その他の特徴は各図に例示されている。なお、反応の機会を**試行**（trial）という。

　馴化は学習（経験による長期的な心理変化）であって、感覚器（眼や耳など）の順応や損傷、あるいは効果器（筋肉や腺など）の疲労によるものではない。そうした理由で反応が減弱していたのなら、無関係な他刺激によって反応が復活するはずないからである。脱馴化は馴化が学習の一種であることを示す証拠である。

表2-1　馴化の諸特徴　Thompson & Spencer（1966）から作表

1．刺激の反復呈示によって、その刺激に対する反応は次第に減弱する。［馴化の定義］
2．刺激の反復呈示で減弱した反応は、休憩後にその刺激を再呈示したときに復活する（**自然回復** spontaneous recovery）。【図2-13】
3．刺激の反復呈示と自然回復を繰り返すと、反応減弱はより速くなる。【図2-13】
4．刺激の反復間隔（試行間隔）が短いと反応減弱は速く大きい。【図2-14】
5．刺激の強度が弱いと反応減弱は速く大きい。【図2-15】
6．刺激の反復呈示で反応が最小になった後も刺激呈示を続けると、より強い馴化が生じる（**零下馴化** habituation below zero）。つまり、過剰訓練で自然回復や脱馴化が生じにくくなる。
7．刺激の反復呈示による反応減弱効果は、その刺激に限定されるが、ある程度は類似刺激にも波及する（**般化** generalization）。【図2-16】
8．無関係な他刺激は、馴化していた反応を復活させる（**脱馴化** dishabituation）。【図2-17】
9．脱馴化は、脱馴化を引き起こす他刺激を反復呈示すると次第に減少する（脱馴化の馴化）。

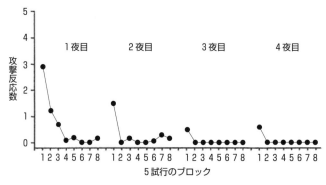

図2-13　雄ウシガエルの攻撃行動の馴化と自然回復　Bee & Gerhardt（2001）を改変
録音した他雄の声を5分間隔で1夜につき40回、4夜にわたって聴かせた際に見られた攻撃的接近行動。縦軸は5試行のうち何試行で攻撃行動が見られたかを、実験した6匹の平均値として示している。

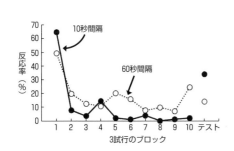

図2-14　線虫の退却反応の馴化

Rose & Rankin（2001）より作図

線虫の入ったシャーレを叩くと、線虫は後方に泳ぐ退却反応を示す。10秒間隔で叩いた線虫は、60秒間隔で叩いた線虫よりも退却反応の馴化は大きい。ただし、両群とも同一条件（30秒間隔）で叩いたテストからは、60秒間隔で訓練されていた線虫のほうが馴化が大きいともいえる。

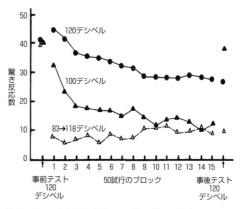

図2-15　音に対するラットの驚き反応
　　　　（驚愕反射）の馴化

Davis & Wagner（1969）を改変

小さな音（100デシベル）で訓練されたラットは、大きな音（120デシベル）で訓練されたラットよりも反応減少は速く大きい。ただし、同一条件（120デシベル）でのテスト結果からは、大きな音で訓練されていたラットのほうが馴化が大きいともいえる。また、訓練期間を通じて徐々に刺激強度を強くすると、より大きな馴化が見られる。

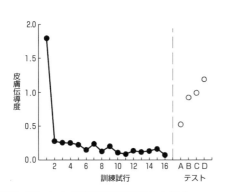

図2-16　ヒトの驚き反応の馴化と般化

Williams（1963）を改変

380ヘルツの音を16回呈示した後、A（670ヘルツ）、B（1000ヘルツ）、C（1400ヘルツ）、D（1850ヘルツ）の音でテストされた。訓練した刺激に似ているほど馴化の般化が大きい（反応が抑制されたままである）。なお、テスト時の音A～Dの呈示順序は被験者によって異なっていた。

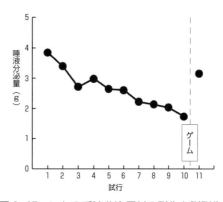

図2-17　ヒトの唾液分泌反射の馴化と脱馴化

Epstein et al.（1992）を改変

レモンジュースが2分間隔で舌上に滴下されると唾液分泌量は減少する（馴化）。10～11試行目の間の2分間に1分間だけテレビゲームをすると11試行目の唾液分泌量は増加する（脱馴化）。

2−6　馴化の理論

　ロシアの生理学者**ソコロフ**（E.N. Sokolov）は、図 2−18に示すような理論で馴化を説明
しようとした。刺激は脳内に知覚表象（イメージ）を生じさせ反応を喚起するだけでな
く、その表象を脳内に記憶痕跡として残す。刺激が再び与えられると、喚起された知覚表
象は脳内の記憶表象と比較照合され、両者が似ていれば喚起システムが抑制されて、反応
は表出されない。刺激が反復呈示されると記憶表象はより明瞭になるため抑制が強くはた
らく。

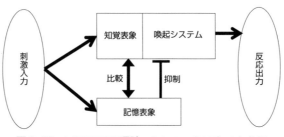

図 2−18　ソコロフの理論　Sokolov（1963）より作図

　しかし、ソコロフの理論は、強い刺激では馴化が生じず、逆に反応が増大する**鋭敏化**
（sensitization）を説明できなかった。例えば、大地震を経験した直後は余震にも、時計の
アラーム音にも驚く。これが鋭敏化である。また、他の無関係な刺激によって反応が復活
する脱馴化も謎であった。図 2−19は馴化だけでなく、鋭敏化と脱馴化も観察された実験
の例である。

　この欠点を克服したのが**二重過程理論**（dual-process theory）である（図 2−20）。この理
論によれば、刺激は「状態システム」を喚起して、動物の全般的な活動性を一時的に高め
る（動物は興奮状態になる）。これは「鋭敏化過程」と名づけられた（一時的状態なので、鋭

図 2−19　大きな音に対するラットの驚
　　　　き反応の鋭敏化・馴化・脱馴化

Groves & Thompson（1970）
訓練初期に反応が増大し（鋭敏化）、その
後に減少（馴化）した。半数の個体には第
15試行の直前に電球を点滅させたところ、
音刺激に対する驚き反応が一時的に復活し
た（脱馴化）。

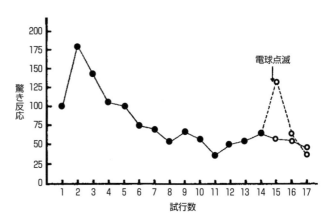

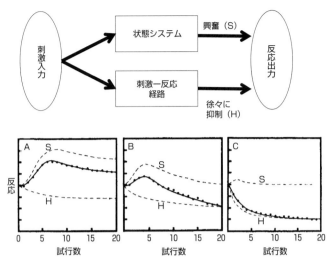

図2-20　二重過程理論　Groves & Thompson（1970）を改変

敏化は学習とはいえない）。刺激は「刺激─反応経路」も喚起して当該刺激への反応を生じ
させるが、この作用は刺激の反復呈示によって弱まる（反応が抑制されるようになる）。こ
れは「馴化過程」と名づけられた。

　刺激への反応はこの2過程の合成である（図2-20）。強い刺激Aでは「鋭敏化過程（S）」
が大きく作用すると考える。このため、反応が増加する。これが「鋭敏化現象」である。
いっぽう、弱い刺激Cでは「馴化過程（H）」が大きく作用すると考える。このため、試
行数に伴い反応が抑制される。これが「馴化現象」である。二重過程理論は、「状態シス
テム」と「刺激─反応経路」という2種類の過程を想定する点と、内的な馴化・鋭敏化の
「過程」と行動レベルでの馴化・鋭敏化の「現象」を分離して考える点に特徴がある。

　二重過程理論で図2-19の実験を解釈してみよう。第1試行で大きい音を初めて聞かさ
れたラットは「刺激─反応経路」によって驚き反応を表出する。それと同時に、「状態シ
ステム」によって興奮状態となる（鋭敏化過程）。この興奮状態が第2試行のときにも持
続していれば、音に対する驚き反応は第1試行よりも大きくなる（鋭敏化現象）。実験に
用いる音がやや強めのものなら、図2-20の下パネルのBのように、鋭敏化過程Sはその
うち治まり、逆に馴化過程Hが徐々に進行するため、反応は低下し始める（馴化現象）。
こうして図2-19のような曲線が観察される。なお、第15試行の直前に点滅した電球は
「状態システム」を再び喚起し、この興奮状態下で音が呈示されると、驚き反応が復活す
る（脱馴化）。つまり、電球点滅によって生じた鋭敏化は一時的な興奮で刺激特定性をも
たないから、音に対する反応の脱馴化を引き起こすのである。

　馴化の理論としては、ソコロフの理論や二重過程理論のほかに、アメリカの心理学者**ソロモン**（R. L. Solomon）の**相反過程理論**（opponent-process theory）も重要である。これは感情を喚起する刺激の馴化を扱うもので、鋭敏化や脱馴化は説明できないが、刺激の反復経験によって反対の感情が生じる現象をうまく説明できる。薬物依存の症状（繰り返し摂取によって、薬物が喚起する快反応が徐々に弱まるいっぽうで、禁断症状は長く続くようになる）や、絶叫マシンの愛好（繰り返し体験することで、その体験が喚起する恐怖が徐々に弱まり、体験後の爽快感が長く続くようになる）の説明理論として、しばしば用いられる。

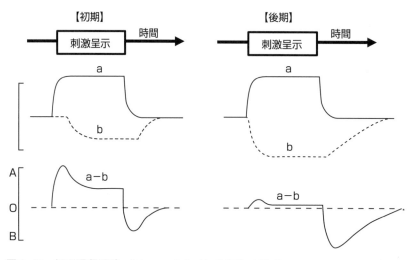

図2-21　相反過程理論　Solomon & Corbit（1974）を改変
刺激を感知すると興奮（a過程）が生じた後、やや遅れて抑制（b過程）が生じる。刺激に対する反応はa過程とb過程の合成である。刺激を何度も経験すると、b過程は開始が早くなり、大きさが増し、長引く。その結果、表出反応（A反応）は小さくなるいっぽうで、補償的反応（B反応）は大きくなり、しかも長く続く。

第**3**章

古典的条件づけ 1

　前章の後半で紹介した馴化は、単一の出来事（刺激）を繰り返し経験することによる行動変容であった。特定の経験に基づく比較的永続的な行動変化なので、馴化も学習の一種である。

　われわれは、複数の出来事の間の関係についても学ぶ。例えば、「habit」という英単語は日本語では「習慣」だと暗記したり、新任の先生が厳しい人だと知ったり、ガーベラの花言葉は希望だと憶えたりする。これらは刺激と刺激の関係学習である。また、ボタンを押すと照明がついたり、いたずらすると叱られたり、謝れば許してもらえたり、といった経験から将来の行動を変える。これは、反応とその結果の関係学習である。

　このように、出来事と出来事の結びつきの学習を**連合学習**（associative learning）という。なお、これに対して、それ以外のさまざまな学習を総称して**非連合学習**（nonassociative learning）というが、特に馴化のことを意味する場合が多い。

　馴化と同じく、連合学習は無脊椎動物にもヒトにもみられる学習のしくみであり、上述のように「刺激と刺激の連合学習」と「反応と結果の連合学習」の2種類に分類できる。ただし、初期の研究者ら（パブロフ、ワトソン、ハル、トールマンなど）はその違いを十分に認識せず、まとめて**条件づけ**（conditioning）と呼んでいた。今日では、条件づけには2種類あるとする見解が主流である。この2種類の名称は研究者によって異なるが（表3-1参照）、本書では、学習心理学の教科書で最も広く用いられている「古典的条件づけ」と「オペラント条件づけ」という言葉を採用する。では、まず古典的条件づけの基礎から見ていこう。

表3-1　2種類の条件づけの名称

研究者	刺激と刺激の連合学習	反応と結果の連合学習
Miller & Konorski (1928)	*I型（Type I）*	*II型（Type II）*
Konorski & Miller (1937)	古典的（classical） *パブロフ型（Pavlovian）*	*新型（new type）*
Skinner (1937, 1938)	*S型（Type S）* レスポンデント（respondent）	*R型（Type R）* オペラント（operant）
Hilgard & Marquis (1940)	古典的（classical）	道具的（instrumental）

注：斜体字で示した用語は現在では使わない。

3-1　パブロフの実験

　ロシアの生理学者**パブロフ**（I.P. Pavlov）は、犬にメトロノームを聞かせてから餌（肉粉）を与えるという手続きを繰り返した（図3-1）。餌は犬の口中に入ると唾液分泌を引き起こす。これは生得的な無条件反射である。メトロノーム音はそうした働きを持たない**中性刺激**（neutral stimulus）だが、餌との**対呈示**（pairing）を繰り返すと、メトロノーム音も唾液分泌を喚起するようになる。このように、無条件反射に基づき新たに形成される反射を**条件反射**（conditioned reflex）という。このとき、メトロノーム音はもはや中性刺激ではなく**条件刺激**（conditioned stimulus, CS）であり、それが喚起する唾液分泌を**条件反応**（conditioned response, CR）という。つまり、条件刺激が条件反応を喚起する関係が条件反射である。なお、餌は**無条件刺激**（unconditioned stimulus, US）、それが喚起する唾液分泌は**無条件反応**（unconditioned response, UR）であり、その関係が無条件反射である（図3-2）。

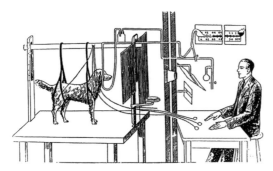

図3-1　パブロフが用いた実験装置の例
Pavlov（1928）

メトロノームのほかにもブザーやトランペットなどを聴覚刺激として用いた。スクリーンに映し出される視覚刺激、皮膚に貼りつけたパッドの振動（触覚刺激）も使用した。餌は遠隔操作で与えた。犬の右頬の唾液腺開口部は管につながれていて、唾液分泌量は実験者のいる部屋で記録できた。

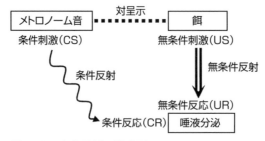

図3-2　条件反射の模式図

図3-3は唾液条件反射の実験結果の学習曲線である。条件反射は実験室だけでなく、自然界や人間の日常でも生じる。パブロフはこれを**自然条件反射**（natural conditioned reflex）と呼んだ。図3-4は自然条件反射によって形成されたと考えられる唾液分泌の例であり、食物の見た目が条件刺激となっている。なお、実験室で形成される条件反射は**人工条件反射**（artificial conditioned reflex）である。

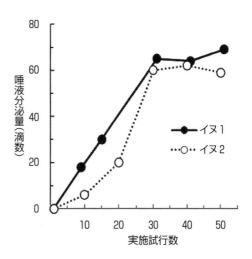

図3-3　2頭のイヌの唾液条件反射
Anrep（1920）より作図
純音を3～5秒間呈示した後、餌を与える訓練を約50試行実施した。ただし、そのうち6試行は音の後に餌を与えないテストで、音を呈示してから30秒間の唾液分泌量を測定した。

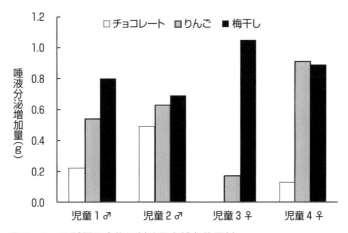

図3-4　3種類の食物に対する自然条件反射
Hayashi & Ararei(1963)より作図
食べ物を目の前に3分間おいて見つめさせた際の唾液分泌量（何もないときの値からの増加量）。対象となったのは全員11歳児である。

3-2　古典的条件づけによる行動変容

　条件反射形成と同じ手続きで、反射以外の行動も変容する。例えば、ヒトデは餌を与えられると活動的になるが、照明を消して餌を与える手続きを繰り返せば、照明消灯だけでも活発に動くようになる（図3-5）。この場合、照明消灯がCSで餌がUSであり、それらによって喚起される行動がCRとURになる。このように、習得される行動は反射に限定されないため、刺激の対呈示手続きとそれによる行動変容は、**条件づけ**（conditioning）と総称されるようになった。さらにその後、刺激の対呈示手続き以外の方法（→第5章）でも条件づけが生じることが発見された。このため、それ以前から知られているCS-US対呈示手続きによる条件づけは、**パブロフ型条件づけ**（Pavlovian conditioning）あるいは**古典的条件づけ**（classical conditioning）と名づけられた。唾液分泌条件反射はその一種である。

　古典的条件づけの成立にはCSとUSの対呈示が必須である。CS-US対呈示がなくても反応増大が観察されるなら、それは本当の条件づけではない（**疑似条件づけ**, pseudoconditioning）。例えば、餌は動物を興奮させるから、その状態で別の刺激を与えると活発に動くだろう。これは、鋭敏化（→ p.22）である。鋭敏化には刺激特定性がないので、他刺激でも興奮反応を引き起こすのである。図3-5のヒトデの実験は、鋭敏化による疑似条件づけかもしれない。

　いっぽう、図3-6に示すキンギョの実験では、電球点灯と電撃を非対呈示した統制群が設けられている。電球点灯と電撃を対呈示した実験群は、統制群よりも電球点灯が引き起こす反応が大きい。したがって、古典的条件づけによる行動変容だといえる。

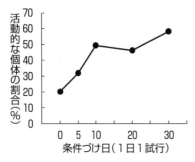

図3-5　ヒトデの活動性条件づけ
McClintock & Lawrence（1982）より作図
照明を15分間消してから餌（二枚貝）を与える条件づけ試行を1日1回実施した。実験は4群構成（5回、10回、20回、または30回実施）で、グラフは各群のテスト成績をまとめたものである。0回は訓練前の成績。

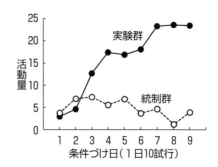

図3-6　キンギョの活動性条件づけ
Overmier & Curnow（1969）を改変
実験群には、電球を10秒点灯してから電撃を与える条件づけ試行を1日10回実施した。統制群には電球点灯と電撃を各10回、無関係に与えた。

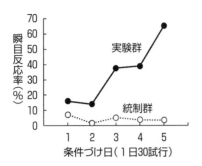

図3-7　ヒキガエルの瞬目条件づけ
Yaremko et al.（1969）より作図
実験群には、頭を2秒間触ってから眼を触るという条件づけ試行を1日あたり30回実施した。統制群には、頭を触ることと、眼を触ることを各30回、無関係に行った。

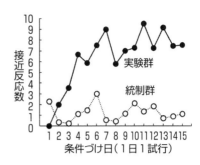

図3-8　雄ウズラの性的条件づけ
Domjan et al.（1986）を改変
実験群には、電球を30秒点灯してから雌ウズラと交尾させるという条件づけ試行を1日あたり1回実施した。統制群には、電球点灯と交尾機会を1日あたり各1回、無関係に与えた。

　唾液分泌反射や活動性増大以外にも、瞬目反射（図3-7）や接近反応（図3-8）など、さまざまな生得的行動を条件づけできる。

　ワトソン（→ p.4）らは、ヒトの情動反応（感情）も条件づけできることを、アルバート坊やの実験（下記 Topic）で示し、それを**条件性情動反応**（conditioned emotional reaction）と呼んだ（Watson & Rayner, 1920）。不安や嫌悪といった負の情動だけでなく、快情動も条件づけできる。例えば、テレビ CM には心弾む音楽や美しい風景、美形のタレントなどが登場する。これらが US として、CS である商品の印象をアップするのである（中島, 2006a, 2006b）。

Topic　アルバート坊や

　健康で元気な11か月齢の男児アルバートの母親は病院で働く乳母だった。ワトソンらは病院で彼に白ネズミを見せてから、背後で大きな音を鳴らした。大きな音は赤ん坊に恐怖を引き起こす US である。これを数回繰り返したところ、ネズミに対して徐々に怖がるようになり、7回目にはすぐに泣きだしてはって逃げようとした。白ネズミが CS として恐怖反応を喚起するようになったのである。

　アルバート坊やは、母親が病院を辞めたため治療を受ける機会がなかった。なお、彼は88歳まで存命で、動物嫌いだったという（高砂, 2019）。

アルバート坊やの実験
Watson（1923）
両足の間に白ネズミが置かれている。

3-3　刺激の般化と弁別

前項末で紹介したアルバート坊やの白ネズミ恐怖は、ウサギやイヌ、毛皮のコート、サンタクロースのマスクにも波及した。このように、CSと類似の刺激がCRを引き起こすことを古典的条件づけの刺激般化という。

図3-9に般化の実験例を示す。この実験では、訓練したCSと同じ感覚次元（音の高さ）上にある複数の刺激でテストしたため、横軸にその次元をとると、反応は傾き（勾配）曲線として示すことができる。このようなグラフを**般化勾配**（generalization gradient）という。図3-9では訓練CSの両側に般化勾配が描かれているが、左右どちらかだけに般化勾配を持つ場合もある（図3-10）。なお、馴化の波及効果も般化勾配として示すことができる（例：p.21, 図2-16右端）。

ところで、古典的条件づけ研究では、2種類CSを用いて、そのうち一方だけをUSと対呈示する実験技法（**分化条件づけ**, differential conditioning）がしばしば用いられる。この場合、USと対呈示するCSを**正刺激**（positive CS, CS＋）、対呈示しないCSを**負刺激**（negative CS, CS－）という。図3-11はトゲウオの求愛行動の分化条件づけ実験の結果である。CS＋が誘発する反応が疑似条件づけによるものなら、CS－も同程度の反応を誘発するはずだが、そうではない。したがって、この反応は条件づけを反映したものである。

図3-11の実験結果は、トゲウオが電球色（緑と赤）を容易に弁別（識別）できることも示している。いっぽう、図3-12はトウギョの攻撃行動の分化条件づけ実験の結果であるが、訓練初期には赤の電球にもいくらか反応が出現している。これは緑から赤への刺激般化である。この実験では、訓練を続けると、そうした反応は消失した。

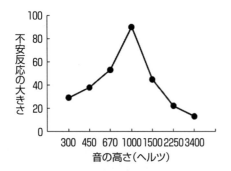

図3-9　ハトの不安反応条件づけ後の般化勾配
Hoffman et al.（1963）を改変
1000ヘルツの音を聞かせてから電撃を与える処置によって不安反応を条件づけた後、さまざまな高さの音でテストした結果。

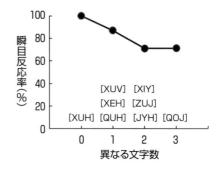

図3-10　ヒトの瞬目条件づけ後の般化勾配
Abbott & Price（1964）を改変
［XUH］と記された単語カードを見せてから目へ空気を吹きつける処置によって瞬目反応を条件づけた後、0〜3文字が異なる単語カードを見せたテストの結果。

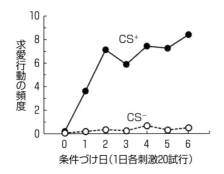

図3-11　雄のトゲウオの求愛行動の分化条件
　　　　づけ

Jenkins（1997）より作図
反応は試行開始から6秒間の回数である。CS＋試
行ではその後に雌の姿（隣の水槽にいる）が15秒間
呈示された。CS−試行では雌の姿は呈示されなかっ
た。CS＋とCS−は緑と赤の電球点灯で、どちらの
色がCS＋かは個体ごとに異なっていた。訓練0日
目は、CS＋試行でもCS−試行でも雌の姿が見られ
ない事前測定日である。

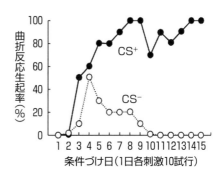

図3-12　雄のトウギョの攻撃行動の分化条件
　　　　づけ

Thompson & Strum（1965）を改変
試行開始から10秒間に体をくねらせる攻撃行動（曲
折反応）が出現した割合を示す。CS＋試行では、
なわばりに侵入する敵（実は鏡に映った自分）の姿
が15秒間呈示された。CS−試行では鏡を見られな
かった。CS＋は緑、CS−は赤の電球点灯であった。

Topic　実験神経症

　分化条件づけは動物の刺激弁別能力を測定するために使用できる。パブロフはそうした
実験を行っているとき、奇妙な現象に遭遇した（Pavlov, 1928）。イヌの前のスクリーンに
図形を1つ映し出し、それが真円なら餌を与え、楕円なら餌を与えなかった（分化条件づ
け）。イヌがこの弁別課題を習得する（CS＋試行だけ唾液を出す）と、楕円を少し真円に近
くして、さらに分化条件づけを実施した。こうした訓練を進めたところ、楕円の横縦比が
9対8で弁別できなくなった。このとき、イヌは吠えて暴れ、以前にできた容易な課題に
も協力的でなくなった。このように実験的に作り上げた異常行動をパブロフは**実験神経症**
（experimental neurosis）と呼び、洪水で溺れた体験によって、条件づけできなくなった事
例との類似性を論じた。

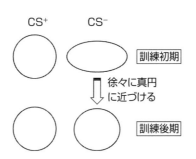

3-4 条件づけの獲得

　古典的条件づけは、CS が明瞭で、US が強烈なときに、速く大きく獲得される。対象個体の性格も条件づけに影響する。例えば、不安傾向の高い人のほうが瞬目条件づけの程度は大きい（図3-13）。なお、不安を測る心理検査の１つである**顕在性不安尺度**（Manifest Anxiety Scale, MAS）は、瞬目条件づけに個人差があることに気づいた研究者によって開発されたものである（Taylor, 1953）。

　試行間隔が長いと、条件づけの獲得は速く大きい（図3-14）。これを**試行分散効果**（trial-spacing effect）という。なお、刺激の馴れの学習（馴化）では、獲得期では試行間隔が短いほうが行動変化は大きく、同じ試行間隔でテストしたときはこの逆であった（→ p.21）。つまり、訓練中は試行間隔が短いとよい成績だったが、後でテストすると試行間隔が長いほうが優れていた。しかし、古典的条件づけでは、試行数が同一であれば、訓練中でもテスト時でも試行間隔が長いほうが成績がよい。

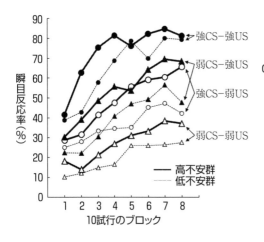

図3-13　女子大学生の瞬目反応条件づけの獲得
Beck（1963）を改変
純音（CS）を0.5秒間呈示してから目に空気の吹きつけ（US）を行う獲得訓練を80試行実施した。この研究はCS強度（強弱）× US強度（強弱）×不安（高低）の８群実験である。

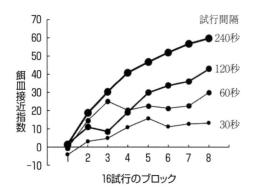

図3-14　ラットの餌皿接近反応の条件づけ
Holland（2000）を改変
純音（CS）を10秒間呈示してから餌皿に餌粒（US）を与える獲得訓練を８ブロック（合計128試行）実施した。

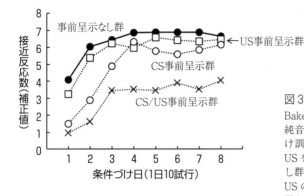

図3-15　ラットの水出口への接近反応条件づけ
Baker & Mackintosh（1977）
純音（CS）を聞かせてから水（US）を与える条件づけ訓練の前に、CSのみ40回事前呈示した群やCSとUSを無関係に各40回事前呈示した群は、事前呈示なし群よりも条件づけの獲得が遅かった。この実験ではUSのみ事前に呈示した群の獲得成績は事前呈示なし群と大差ないが、実験によってはUS事前呈示効果が大きく見られることがある。

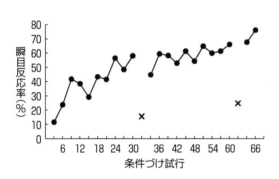

図3-16　大学生の瞬目条件反射の外制止
Pennypacker（1964）より作図
赤電球を1秒間点灯した後、目に空気を吹きつける訓練を実施した。31試行目および61試行目では、赤電球点灯の0.5秒前に音刺激を与えると、赤電球が喚起する瞬目反応は低下した。なお、この2試行以外の成績は3試行ごとにまとめてグラフ化している。

　条件づけ訓練に用いるCSやUSを、それぞれ単独で訓練前に与えておくと、条件づけの進行が妨げられる。これを**事前呈示効果**（先行呈示効果, preexposure effect）という。図3-15に実験例を示す。CS事前呈示効果は**潜在制止**（潜在抑制, latent inhibition）とも呼ばれる。これは、事前呈示期にCSが反応を抑える力を獲得すると考えられたからである。しかし、その後の研究で、CSへの注意が失われることがCS事前呈示効果の主原因であることがわかっている。なお、US事前呈示効果の原因は主としてUS強度の低下である。つまり、生得的反応の喚起力だけでなく、条件づけを形成する力も、繰り返し呈示によって馴化する。

　ところで、条件づけ中に無関係な刺激が与えられると、しばらくはCSがCRを喚起できなくなる（図3-16）。パブロフはこの現象は、個体の外部環境の変化によって反応が抑えられる**外制止**（外抑制, external inhibition）のメカニズムによるものだとした。

3-5　CS と US の時間関係

　古典的条件づけでは、まず CS を、次に US を呈示するのが標準的である。こうした呈示方法を**順行条件づけ**（forward conditioning）という。順行条件づけは、CS の呈示中に US が呈示される**延滞条件づけ**（delay conditioning）と、CS 呈示終了後に US が呈示される**痕跡条件づけ**（trace conditioning）に分類できる。なお、CS 呈示終了と US 呈示開始が一致する場合は、延滞条件づけに含める。痕跡条件づけでは CS の記憶痕跡が US 呈示時に存在しているかどうかが重要なので、この名がある。CS 呈示終了からの時間が長いと条件づけは生じない。CS と US の呈示開始が一致する**同時条件づけ**（simultaneous conditioning）や、CS 呈示開始前に US 呈示が始まる**逆行条件づけ**（backward conditioning）でも、CR はあまり生じない。

　順行条件づけでは、CS と US の時間間隔は短すぎても長すぎてもよくない（図 3-17）。最適な CS-US 間隔は、条件づける反応によって異なる（図 3-18）。

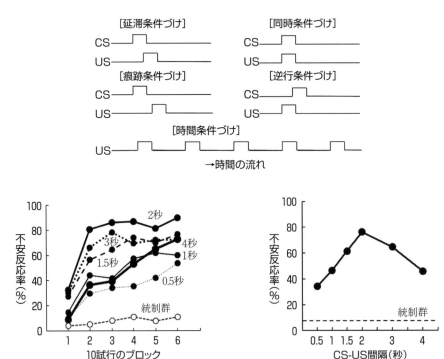

図 3-17　メダカの不安反応の条件づけ
Noble et al.（1959）を改変
電球点灯（CS）と電撃（US）とが対呈示された 6 群はすべて、CS と US が無関係に与えられた統制群と比較して、条件づけが獲得されているが、その程度は用いた CS-US 間隔によって異なる。左パネルは学習曲線、右パネルは実験期間全体の平均反応を群ごとにまとめて表示したもの。なお，通常より速く泳いだり、後退したり、急に止まったりする行動を不安反応として記録した。

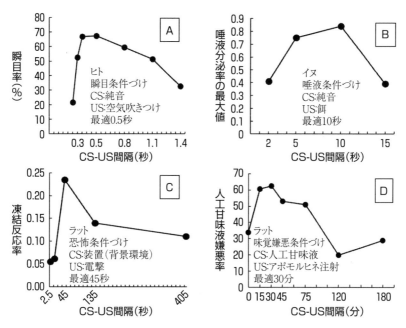

図3-18　さまざまな反応の古典的条件づけにおよぼす CS-US 間隔の効果
A：Ross & Ross（1971）を改変、B：Ost & Lauer（1965）より作図、C：Bevins & Ayres（1995）を改変、D：Garcia et al.（1966）と Shafe et al.（1995）より作図

　パブロフは餌だけを一定間隔で何度も呈示すると、そのうち、イヌは餌の到来に先立って唾液分泌反応を示すようになると報告している。実験者は音や光のような CS をまったく与えていないが、時間経過が CS として機能するとパブロフは考えた。このように、US を一定間隔で繰り返し呈示する手続きによって、US 呈示直前に反応が出現するようになることを**時間条件づけ**（temporal conditioning）という。図3-19に時間条件づけの実験例を示す。

図3-19　ラットの時間条件づけ
Kirkpatrick & Church（2000）を改変
90秒おきの餌粒呈示を繰り返し経験した後にみられる餌皿接近傾向。餌粒を食べ終わった後は餌皿に近づかないが、次の呈示タイミングが近くにつれ反応が増える。グラフは訓練開始から238〜474回目の餌粒呈示時のデータをもとに、頻度（出現率）で示したもの。

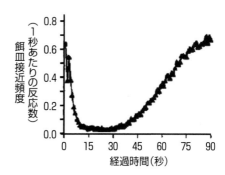

3-6 連合選択性

　CS と US の組み合わせの「相性」も条件づけの大きさに影響する。例えば、CS と US が類似していると、条件づけは容易になる。図3-20の実験では、CS と US が実験装置の同じ場所から与えられた場合には、異なる場所から与えられた場合よりも、条件づけが早く大きかった。

　また、水を CS、不快感を US とした嫌悪条件づけ実験では、CS が水の味（甘い）で US が毒による不快感（吐気）である場合や、CS が水の音（なめるとブザーが鳴る）で US が電撃による不快感（痛み）である場合には学習が容易だが、逆の組み合わせではなかなか学習しない（図3-21）。

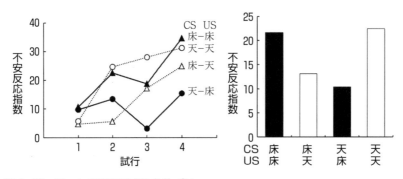

図3-20　ラットの不安反応の条件づけ
Testa（1975）より作図
CS は床からの光または天井からの光、US は床からの強風または天井からの強風で、CS と US の組み合わせは群によって異なっていた。左パネルは学習曲線、右パネルは実験期間全体の平均反応を群ごとにまとめて表示したもの。

図3-21　ラットの嫌悪条件づけ
Domjan & Wilson（1972）より作図
のどの渇いたラットが水を飲む状況で実験を行った。CS は甘い水またはブザー音のする水、US は毒物注射または電撃で、CS と US の組み合わせは群によって異なっていた。グラフは条件づけを3試行実施した後のテスト結果。

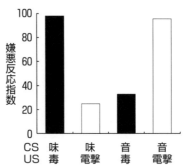

　こうした実験結果は、CS と US が**選択的連合**(selective association)を形成することを意味している。つまり、どのような CS もどのような US と連合できるという条件づけの等能性(equipotentiality)の前提は誤りで、学習には**生物的制約**(biological constraints)がある。**セリグマン**(Seligman, 1970)はこれを学習の**準備性**(preparedness)と表現した。

　味覚と気分不快感の連合学習を**味覚嫌悪学習**（taste aversion learning）といい、この学習の重要性を初めて論じ、精力的に研究を進めた米国の研究者**ガルシア**（J. Garcia）の名前をとって、**ガルシア効果**（Garcia effect）と呼ぶこともある。味覚嫌悪学習の実験では、味覚は砂糖水などを溶液として与え、気分不快感は塩化リチウムのような催吐剤によって引き起こすことが多い。

　味覚嫌悪学習には、（1）1試行でほぼ完全に学習できる、（2）CS-US間隔が数時間でも学習できる、（3）嫌悪条件づけの標準的なUSである電撃では形成しにくい、（4）消去手続き（→ p.38）があまり有効ではない（味覚CSを与えて気分不快処置を行わない手続きに移行しても味覚CSを避け続ける）といった特徴をもつ。このため、古典的条件づけとは異なる学習のしくみだとガルシアは主張した（Garcia, 1989）。

　しかし、（1）通常の古典的条件づけでも激烈なUSを用いると1試行学習は可能である、（2）最適なCS-US間隔を過ぎれば学習しにくくなるというパターンは通常の条件づけと同じである、（3）電撃の与え方によっては味覚嫌悪を形成づけできる、（4）味覚CSをきちんと経験させる（口中に強制的に入れる）ようにすると容易に消去できる、といった事実がその後に明らかにされた。このため、現在では、唾液分泌・瞬目・不安などの条件づけよりも強力ではあるものの、違いは量的なものだとされている。つまり、味覚嫌悪学習は古典的条件づけの一種だとみなされており、**味覚嫌悪条件づけ**（conditioned taste aversion）とも呼ばれる（Riley & Schachtman, 2009）。

　味覚嫌悪学習のUSとしては催吐剤のほかに、アンフェタミンなどの依存性薬物、高速回転（乗りもの酔いを引き起こす）、腫瘍移植、放射線、高温、強磁場などが用いられる。味覚嫌悪学習は、味覚溶液を摂取して気分不快感が生じ、以後はその味覚溶液を飲まなくなるのだから、オペラント条件づけの罰（→ p.57）による学習だとみなすこともできる。しかし、味覚溶液の自発的な摂取がない場合（強制的に口中に入れる場合）でもその味覚溶液を避けるようになることや、条件づけされた味覚溶液を与えると嫌悪的な顔面反応や動作（図3-22）を示すことから、古典的条件づけの要素が大きいと考えられている。

図3-22　嫌悪的な味覚を経験したときのラットの表情と動作
Grill & Norgren（1978）
口を三角にあけ、口を床にこすりつけ、頭を振り、顔を洗うしぐさをし、前肢を振る。

3-7　条件づけの消去

　条件づけを行った後、CS だけ与えて US を与えないという処置を施すと CR はしだい
に減弱する。パブロフはこの手続きおよび結果を**消去**（extinction）と名づけた。CR が消
失していくからである。

　条件づけは CS と US の対呈示によって強固になることから、CS-US 対呈示操作のこと
を**強化**（reinforcement）といい、通常は CS に必ず US が伴う**連続強化**（continuous
reinforcement）の手続きが用いられるが、ときどき US を省略する部分強化（partial
reinforcement）［別名：**間欠強化**（intermittent reinforcement）］手続きでも CR を形成でき
る。通常は、連続強化のほうが条件づけは速く大きい。しかし、部分強化のほうが消去し
にくい（消去抵抗が高い）。これを**強化矛盾**（paradox of reinforcement）、あるいは第 1 発見
者の名前から**ハンフリーズ効果**（Humphreys' effect）といい、**部分強化消去効果**（partial
reinforcement extinction effect, PREE）または**部分強化効果**（partial reinforcement effect,
PRE）とも呼ばれる（図 3 -23）。

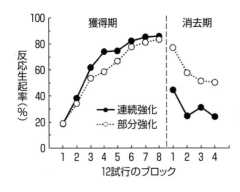

図 3 -23　ヒトの瞬目条件づけにおける部分強化効果
Humpreys（1939）を改変
電球点灯（CS）の0.4秒後に目に空気を吹きつける（US）
という条件づけ訓練を行った後、CS だけの消去処置を実
施した。ただし、部分強化群は条件づけ訓練が50％強化
（半数の試行では US が伴わない）であった。

　ところで、消去手続きによる CR の消失は必ずしも学習の消失を意味しない。消去後に
時間が経過したり、無関係刺激が呈示されると、CS は CR を再び喚起するからである。
パブロフは個体内部の変化（新たな学習）が CR の表出を妨げるという**内制止**（内抑制,
internal inhibition）が消去のしくみだとした。このメカニズムはもろく、時間経過や無関
係刺激の呈示によって容易に崩れるとされている。

　消去後の時間経過による CR 再出現は**自然回復**（図 3 -24）、無関係刺激を呈示した後の
CS に対する CR 再出現は**脱制止**（disinhibition）という。なお、馴化においても自然回復
や脱馴化が生じるが（→ p.20）、これはもともと有していた生得的傾向に戻るという意味
である。いっぽう、条件づけの自然回復や脱制止は、経験を通して獲得した反応が、いっ
たん消失した後に再出現するわけだから、その心理学的意味はより深い。

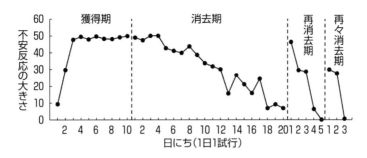

図3-24　ラットの不安反応条件づけの獲得・消去・自然回復
James（1971）より作図
雑音を30秒間呈示してから電撃を与える獲得訓練を10日間実施した後、雑音のみ与える消去訓練を20日間行った。30日間の休憩をはさんで消去訓練を再開し（5日間）、さらに30日間の休憩をはさんで消去訓練（3日間）を行った。なお、この実験では、のどが渇いたラットの飲水行動が雑音によってどの程度抑制されるかで、不安反応を計測している（抑制が大きいほど不安反応が大きい）。

　パブロフの研究以降、消去後にCRが再出現する現象がさらに2つ発見された。その1つは、消去後に異なった実験装置（背景文脈）でテストするとCRが再出現する**復元効果**（renewal effect）であり、図3-25はその一例である。獲得期・消去期・テスト期の背景文脈がA→B→Aと推移することでCRが再出現している。このほか、A→B→CやA→A→Bの背景文脈推移でもCRは再出現する。つまり、消去時の背景文脈とは異なる環境でテストされると、CRが再出現する。

　CRを再出現させるもう1つの操作は、消去後にUSを単独で呈示することであり、これを**復位効果**（reinstatement effect）という。例えば、光CSと電撃USを対呈示して不安CRを形成後、光CSだけを何度も呈示して不安CRを消去した後、電撃USを1回だけ与えると、光CSはまた不安CRを引き起こす。

　自然回復・脱制止・復元効果・復位効果はすべて、条件づけ手続きで生じた学習が、消去手続きによって完全に失われてしまう（**学習解除**, unlearning）わけではないことを意味している。

図3-25　ラットの首ふり反応の条件づけにおける復元効果

Bouton & Peck（1989）を改変
鈍音（CS）を10秒間呈示してから餌粒（US）を与える獲得訓練を10日間、CSのみ呈示する消去訓練を7日間、同じくCSのみ呈示するテスト試行（消去訓練と同じ）を6日間実施した。AAA群は、獲得期・消去期・テスト期はすべて同じ実験装置内で行ったが、ABA群は消去期だけ別の装置（壁の模様や匂いなどが異なる箱）で行った。

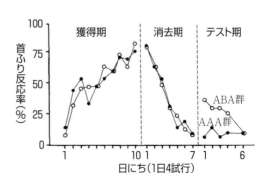

　ワトソンの弟子の**ジョーンズ**（M.C. Jones）は、2歳10か月の男児ピーターのウサギ恐怖症を、ウサギを見せながら菓子を与えて治療した（図3-26）。これは今日、**拮抗条件づけ**（counterconditioning）と呼ばれる方法で、除去すべき反応とは反対の反応（ここでは、恐怖CRに対する快反応CR）をCS（ウサギ）に条件づけるものである。なお、この事例では、弱い恐怖を引き起こす刺激から治療を開始する段階的消去法も用いられている。

　南アフリカの精神科医**ウォルピ**（J. Wolpe）が考案した**系統的脱感作**（systematic desensitization）法はこれとよく似た治療法で、**筋弛緩法**（muscle relaxation）によりリラックス状態を作り出し、それをUSに用いて不安対象に拮抗条件づけを行う。その際、不安の主観的な強さ（**自覚的障害単位**：subjective unit of disturbance, SUD）をもとに作成しておいた**不安階層表**（anxiety hierarchy）に基づいて、低い段階の不安から順次消去する。系統的脱感作法は行動療法（→p.5）の代表的技法である。

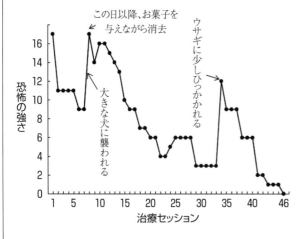

図3-26　ピーター坊やのウサギ恐怖症の治療
Jones（1924）より作図
ウサギ恐怖の強さは、ウサギにどれだけ近づけるか、触れるかなどによって17段階で評価した。恐怖の小さい場面から徐々に消去した。8セッション目の前にイヌに襲われる事故があって恐怖症が悪化したため、それ以降はお菓子を与えながら段階的に消去するという拮抗条件づけ手続きに変更した。その後は、ウサギに引っかかれて恐怖症が悪化するという事件があったものの、それ以外は順調に治療が進み、最終的にはウサギを愛撫できるようになり、ウサギにわざと軽く指をかませることすらできた。

表3-2　あがり症を示すある男子学生の不安階層表の例　内山（1975）を改変

イメージさせる不安生起場面	SUD
授業中に朗読し、その内容説明を長時間しなくてはならないとき	100
電話をかけるとき	90
駅の窓口で切符を買うとき	80
授業中に先生から短い説明を求められたとき	70
目上の人と話すとき	60
自己紹介で出身地や現住所などを話すとき	50
食堂で食事を注文するとき	40
品名を告げて買い物をするとき	30
電話を受けるとき	20
親しい友人と話すとき	10

第4章

古典的条件づけ2

　前章で紹介したように、古典的条件づけは無脊椎動物からヒトまで、ほぼすべての動物で確認される普遍的な学習の基本的しくみであり、そこには明らかな規則性が見られる。こうした規則性は、多くの研究者の精力的な実験によって、古典的条件づけの諸法則あるいは諸原理としてまとめられるようになった。しかし、その一方で、普遍的で規則的であるがゆえに、単純な機械的学習に過ぎないとされ、ヒトの学習の説明としては不十分だとの批判も招いた。特に、研究対象となる反応の多くが唾液反射や瞬目反射、屈曲反射などであったことから、「つばきとひきつりの心理学（psychology of spit and twiches」と揶揄されるようになった。

　しかし、アルバート坊やの例（→ p.29）に見られるように、情動反応の古典的条件づけは、不安病理の理解に役立つ。また、情動反応の除去に関するピーター坊やの研究や系統的脱感作法の考案（→ p.40）は、不安の心理治療に大きな貢献をしている。つまり、古典的条件づけは、単純な反射行動に限定される学習ではないが、それでもヒトの高次知的活動の説明としては物足りないと考える学者も多かった。

　第2次大戦後、コンピュータサイエンスや情報理論が大きく進歩し、心理学にも影響し始めた。認知心理学者の**ミラー**（G. A. Miller）らが1960年に『プランと行動の構造』を刊行すると、古典的条件づけも情報理論的な観点から理解しようという動きが現れる（中島、2014）。古典的条件づけで何が学習されているのか（連合構造）を調べようとしたり、それまでに知られていた事実や新たに発見された現象を、「CS が US に関する情報を与える」という枠組で捉えようとする研究が盛んになる。本章ではそうした研究を紹介する。

　また、本章では、古典的条件づけで獲得される反応、つまり CR の性質についても解説する。前章では、CR は UR と同じ種類の反応だとしたが、一般に CR は UR よりも弱く小さい。

4-1 古典的条件づけの連合構造

　古典的条件づけの実験では、CS と US が対呈示される。この手続きによって、CS はそれまで喚起していなかった反応を CR として誘発するようになる。このとき、何が学習されるのだろうか？　CS と US が対呈示されたのだから、CS と US の結びつきを学習したと考えるのが素朴な答えである。これは刺激と刺激の連合学習であるから、S-S 学習という。いっぽう、CS が CR を誘発するようになったのだから、学習したのは CS と反応の結びつきだと考えることもできる。これは刺激と反応の連合学習であるから S-R 学習という。

　パブロフ（→ p.26）はこの 2 つの学習を区別しなかったが、**トールマン**（→ p.4）は S-S 学習だとした。いっぽう、**ワトソンやハル**（→ p.4）は S-R 学習の立場をとり、この見解が1960年代頃まで主流であった。しかしその後の研究によって、古典的条件づけはほとんどの場合、S-S 学習であることが明らかとなった。その決め手となったのが、条件づけ形成後に US の価値を変化させる実験手法の開発である。

　例えば、ラットを用いたある実験（Rescorla, 1973）では、光 CS 後に大騒音 US を聞かせる条件づけを行って、光 CS が不安反応を誘発するようにした。その後、大騒音を何度も聞かせて、大騒音が生得的に引き起こす不安反応を馴化した（図 4-1 の×印）。これにより、[US→反応] の経路が封じられたわけである。条件づけが S-R 学習であれば、CS の反応誘発力はこの馴化操作の影響をまったく受けないはずである。しかし実際は、光 CS が誘発する不安反応は小さくなった。つまり、光 CS は大騒音 US のイメージ（表象）を喚起して、それが不安反応を生んでいたのであり、その後に大騒音 US が不安を誘発しなくなると、CS が引き起こす不安反応も小さくなったというわけである。

　この逆に、条件づけ後に US の反応誘発力を強めると、CS の反応誘発も大きくなる。例えば、音 CS と電撃 US の対呈示によって不安反応の条件づけを行った後、強い電撃を与えて「電撃の怖さ」を教えると、音 CS が誘発する不安 CR は増大した（Rescorla, 1974）。

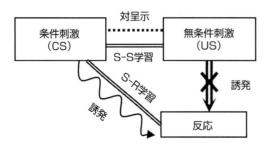

図4-1　S-S 学習（S-S 連合）と S-R 学習（S-R 連合）
条件づけ後に、US の価値（反応誘発力）を弱めると CS に対する反応が小さくなれば S-S 学習、反応に影響がなければ S-R 学習である。

4-2　形態的学習と階層的学習

　明るい部屋では音 CS を聞かせた後に餌 US を与えるが、暗い部屋では音 CS 後に餌 US を与えないと、そのうちイヌは明るい部屋でのみ音 CS に対して唾液を出すようになる（図 4-2）。もし、イヌが「［明るい部屋で聞いた音］は餌あり」「［暗い部屋で聞いた音］は餌なし」だと学習していたなら、これは分化条件づけ（→ p.30）である。このとき正刺激（CS＋）は［明るい部屋で聞いた音］、負刺激（CS−）は［暗い部屋で聞いた音］だから、CS＋は明刺激と音刺激の統合、CS−は暗刺激と音刺激の統合である。そうした刺激統合作用を**刺激形態化**（stimulus configuration）といい、刺激を形態化する学習を**形態的学習**（configural learning）という。

　いっぽう、「［音は餌あり］なのは部屋が明るいときだけで、暗いときはそうでない」という学習をイヌがしている可能性もある。つまり、音 CS と餌 US の連合を、より上位の刺激が制御するという**階層的学習**（hierarchical learning）である。このとき、上位刺激の作用を**場面設定**（occasion setting）といい、上位刺激を**場面設定子**（occasion setter）という。この実験で、明るい部屋は［音は餌あり］にゴーサインを出す正の場面設定子、暗い部屋は［音は餌あり］にストップをかける負の場面設定子である。ヒトの言語の文法構造（→ p.106）もこうした階層的学習により理解できるかもしれない。

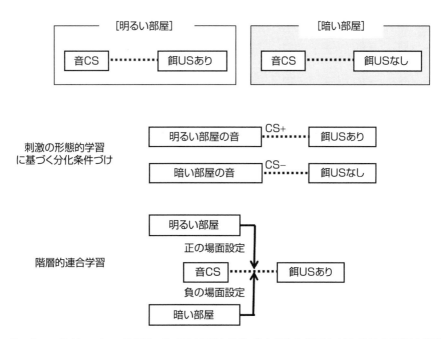

図 4-2　Denisov & Kupalov（1933）のイヌの唾液条件づけ実験の状況と考えうる2種類の学習

4-3　高次条件づけ

　条件づけによって反応誘発力を獲得した刺激（CS₁）をさらに別の刺激（CS₂）と対呈示すると、その刺激も反応を誘発するようになる（図4-3）。これを**2次条件づけ**（second-order conditioning）という。このとき、最初に形成しておいた通常の条件づけは、**1次条件づけ**（first-order conditioning）となる。

　CS₂をさらに別の刺激（CS₃）と対呈示すると、**3次条件づけ**（third-order conditioning）を形成できる。図4-4はネコでの実験例である。なおイヌの肢の屈曲反応では5次条件づけの成功報告があるが（Finch & Culler, 1934）、この報告は手続きに不備があり、実際に何次の条件づけまで可能かは不明である。

　2次条件づけ以上をまとめて**高次条件づけ**（higher-order conditioning）という。高次条件づけでは、習得的行動をもとに新たな習得的行動が獲得される。

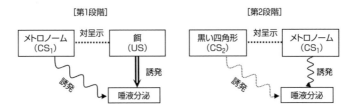

図4-3　イヌの唾液分泌反応の2次条件づけ　Pavlov（1955）の手続きを図示したもの

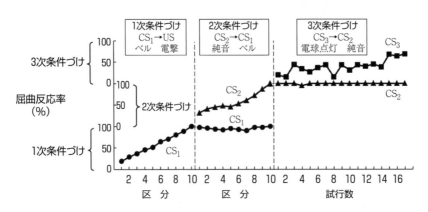

図4-4　ネコの肢の屈曲反応の3次条件づけ
Eccher & Culler（1941）を改変
　1次条件づけ訓練を受けた24頭のうち11頭が2次条件づけ訓練を受け、そのうち2頭が3次条件づけ訓練にも参加した。各段階での成績は参加した全個体の平均値である。本来は最後まで訓練した2頭のデータだけで全段階の成績をグラフ化すべきだが、原典には相当するデータが示されていない。なお、1次条件づけと2次条件づけの学習曲線は、訓練期間の10分の1ごとに区分して示している。

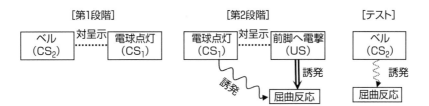

図4-5 イヌの肢の屈曲反応の感性予備条件づけ

Brogden（1939）の手続きを図示したもの。第1段階でベルと電球点灯は同時に呈示された。この図では第2段階で電球点灯を電撃と対呈示しているが、第2段階でベルのほうを電撃と対呈示しても感性予備条件づけ（この場合はテスト時に電球点灯が唾液分泌を誘発）が確認できた。

　2次条件づけの第1段階と第2段階の訓練を逆にして行うのが、**感性予備条件づけ**（sensory preconditioning）である。図4-5は最初にこの現象を報告した実験の手続きと結果である。感性予備条件づけも高次条件づけに含めることがあるが、感性予備条件づけには、2次や3次の条件づけとは異なる大きな特徴がある。それは、第1段階を反応が生じない状況で実施していることである。これは反応がなくても学習できることを意味している。したがって、感性予備条件づけは、古典的条件づけがS-R学習ではなくS-S学習であることを支持する証拠の1つである。

　しかし、条件づけは常にS-S学習というわけではない。多くの実験によれば、2次条件づけはS-R学習である。例えば、ラットを対象としたある実験（Rizley & Rescorla, 1972）では、音CS後に電撃USを与える1次条件づけと、光CS後に音CSを聞かせる2次条件づけを実施して、光CSが不安反応を誘発するようにした。その後、音CSを何度も単独呈示して、音CSが誘発する不安反応を消去した（図4-6の×印）。条件づけがS-S学習であれば、光CSの反応誘発力はこの消去操作の影響を受けるはずだが、光CSが誘発する不安反応は変わらなかった。つまり、光CSは音CSのイメージ（表象）を喚起して不安反応を生んでいたのではなく、それ自身が不安を直接喚起する刺激になっていたのである。ただし、CS_2とCS_1がともに視覚刺激であるなど同じ感覚モダリティである場合や、同時条件づけになっている場合は、S-R学習ではなく、S-S学習である（Kaneshige et al., 2001）。

図4-6　2次条件づけにおけるS-S学習（S-S連合）とS-R学習（S-R連合）

条件づけ後に、CS_1の価値（反応誘発力）を弱めるとCS_2に対する反応が小さくなればS-S学習、反応に影響がなければS-R学習である。

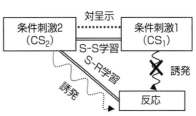

4-4 刺激競合

音 CS と光 CS を同時にイヌに呈示して、餌 US を与えるとしよう。このように、複数の CS を同時または連続して呈示して US と対呈示する**複合条件づけ**（compound conditioning）では、強い CS が弱い CS を**隠蔽**（overshadowing）してしまうとパブロフは考えた。このため、訓練後に各 CS を単独で呈示するテストで弱い CS は CR をまったく誘発しないとされた。パブロフの研究室で行われたある実験では、音 CS が光 CS を完全に隠蔽した（Pavlov, 1955）。

その後の研究で、強い CS が弱い CS を隠蔽するだけでなく、その逆も生じることが判明した。複数の CS が互いに隠蔽しあうので、これを**相互隠蔽**（reciprocal overshadowing, mutual overshadowing）という。図4-7はラットを用いて行った不安反応の条件づけにおいて見られた相互隠蔽の例である。音 CS と光 CS が相互に隠蔽していることがわかる。なお、この図には、音 CS を単独で条件づけした場合（点線）や、光 CS を単独で条件づけした場合（左端の黒白2本の柱）の成績も示されており、隠蔽現象そのものの大きさもわかる。

用いる CS の強度だけでなく、過去経験も複合条件づけに影響する。複合条件づけの実施前に、どちらかの CS を単独で十分に条件づけしておくと（表4-1の実験群）、テスト時にもういっぽうの CS が誘発する CR が小さくなることを**ケイミン**（L. J. Kamin）は発見し、この現象を**阻止**（blocking）と名づけた。阻止現象は無脊椎動物でも見られる（図4-8）。

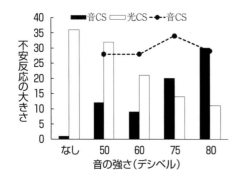

図4-7　音 CS と光 CS の相互隠蔽
Mackintosh（1976）より作図
ラットに音 CS と光 CS を同時呈示した後に電撃 US を与える複合条件づけ後に、各 CS を単独テストした結果（■と□）。音 CS の強さが異なる4群に加え、光 CS だけ（音 CS なし）で条件づけした群の成績を示す。音 CS が弱いと光 CS に隠蔽されるが、強いと光 CS を隠蔽した。なお、点線は音 CS だけで条件づけした別の4群の成績で、音 CS の強度に関わらずほぼ等しい CR が見られた（---●---）。

表4-1　ケイミンの阻止実験の例（Kamin, 1968）

	訓練第1期	訓練第2期	テスト
実験群	音 CS →電撃 US	［音 CS ＋光 CS］→電撃 US	光 CS →弱い不安 CR
統制群	なし	［音 CS ＋光 CS］→電撃 US	光 CS →強い不安 CR

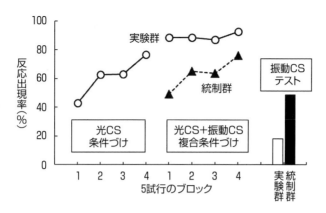

図4-8　光CSによる振動CSの条件づけ阻止

Prados et al.（2013）を改変

実験群のプラナリアには、光CSを呈示して電撃USを与える条件づけ試行を20回行った後に、光CSと振動CSを同時呈示して電撃USを与える複合条件づけ試行を20回行った。テストでは振動CSを単独で呈示した。CRは収縮・屈曲反応である。複合条件づけのみ実施した統制群に比べて、実験群ではテスト時に振動CSが誘発するCRは小さかった。なお、テストは10試行の平均値である。

　隠蔽や阻止は、複合条件づけ時にCSどうしがUSの手がかり刺激の役割をめぐって互いに競合していることを意味している。このため、まとめて**刺激競合**（stimulus competition）あるいは**手がかり競合**（cue competition）という。

　隠蔽や阻止といった現象は、日常生活でもしばしば見られる。例えば、おいしいケーキを手みやげに孫のもとを訪問するおじいちゃんが、孫からどのように評価されるかは、おばあちゃんも一緒に来るかどうかによって異なるだろう。おばあちゃんはおじいちゃんを隠蔽するかもしれない。また、おばあちゃんが以前から同じケーキをもって来てくれていたとしたら、孫がおじいちゃんに対していだく好感は完全に阻止されてしまう。表4-1の音CSをおばあちゃん、光CSをおじいちゃん、電撃USをケーキ、不安CRを好感CRとして理解してみよう。では、おじいちゃんが孫から好印象を持たれるためには、どうすればよいだろうか？　二人で訪問した場合は、おばあちゃんが一人で訪問したときよりもケーキの数を増やすか、よりおいしいケーキをもっていけばよい。実際、複合条件づけ時により強いUSを用いれば、阻止現象が生じにくい（Kamin, 1968）。

4-5 随伴性空間

「CSとUSを対呈示する」という古典的条件づけの強化手続きは、言外に「CSなしだとUSもない」ことを意味している。もしCSがないときにもUSを与えたらどうなるだろうか？　図4-9にはそうした場合も含め、起こりうる可能性を確率の形で表現してある。CSにUSがどのように伴うかを示しているので、こうした図表現を**随伴性空間**（contingency space）という。

　この図では横軸がCS非呈示時のUS呈示確率、縦軸がCS呈示時のUS呈示確率である。左下から右上への対角線上の各点はこの2つの確率が等しい状況を示しており、CSとUSが随伴性ゼロ、つまり真にランダムな関係である。対角線の左上の領域はCS非呈示時よりもCS呈示時にUS呈示確率が高い**正の随伴性**（positive contingency）、右下の領域はCS非呈示時よりもCS呈示時にUS呈示確率が低い**負の随伴性**（negative contingency）である。

　古典的条件づけは通常、CSがないときはUSもないという状況で実施する。これは、図4-9の縦軸上のいずれかの点の状況である。Ⓐ（CS呈示時にだけUSが常に与えられる）は、最も一般的な手続きである。ⒶからⒷ（CSの有無にかかわらずUSは与えられない）への移行は、消去手続きである。

　CSの非呈示時にもUSを与えることは、CS—USの正の随伴性の低下を意味する。そのような状況でCSが誘発するCRは小さい。例えば、図4-10のような装置で、空腹のハトを訓練したとしよう。壁には2つの円形ガラス（反応キー）が取りつけられており、CSはその点灯である（左右どちらが点灯するかは試行ごとに異なる）。USとして下の四角い穴から餌が与えられた。

　CS非点灯時のUS確率が0、CS点灯時のUS確率が0.4の場合（図4-9のⒸ）、ハトは点灯したCSの側に接近するようになった（図4-11のⒸ）。CS非点灯時のUS確率が0.2、CS点灯時のUS確率が0.4の場合は、弱い接近反応が形成された（Ⓓ）。CS非点灯時とCS点灯時でUS確率がともに0.4の随伴性ゼロ条件で

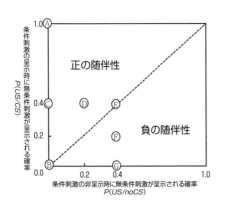

図4-9　古典的条件づけの随伴性空間

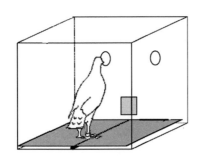

図4-10　ハトの接近・退却反応の条件づけの装置

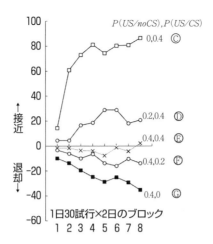

図4-11　ハトの接近・退却反応の条件づけ
Hearst et al.（1980）を改変

訓練されたハトには、接近の兆^{きざ}しがなかった（Ⓔ）。

　CS 非点灯時の US 確率が0.4、CS 点灯時の US 確率が0.2の場合は、点灯したキーとは反対側に移動する退却反応が弱く形成された（Ⓕ）。CS 非点灯時の US 確率が0.4、CS 点灯時の US 確率が0の場合は、強い退却反応が獲得された（Ⓖ）。退却反応は「CS 点灯時には US が与えられない」というマイナスの関係学習の反映だと考えられる。こうした学習を**制止（抑制）条件づけ**（inhibitory conditioning）という。これに対して、CS が US の到来を信号する通常の条件づけは**興奮条件づけ**（excitatory conditioning）と表現される。

　マイナスの学習である制止条件づけを直接に測定することは容易でない。図4-11は数少ない成功例だが、それでも興奮条件づけほどは顕著に測定できていない。しかし、制止条件づけは図4-12のような方法を用いると検出できる（Rescorla, 1969）。

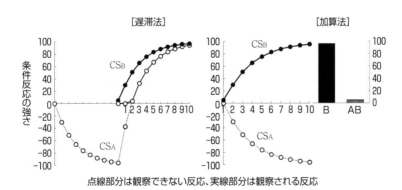

図4-12　制止条件づけの確認のための遅滞テストと加算テスト
左パネル：制止力を有する CS_A は、US との対呈示を行っても CR の獲得が通常の場合（CS_B）よりも遅れる。
右パネル：制止力を有する CS_A を、CR を誘発する CS_B と同時に呈示すると、CR が小さくなる（マイナスの値が加算される）。

4-6　レスコーラ゠ワグナー・モデル

　刺激競合現象や、随伴性空間に示されるような確率的な学習は、CS が US の到来や非到来をどれだけ予報できるかという情報論的観点から理解できる。数式を用いてこれを表したのが、**レスコーラ゠ワグナー・モデル**である (Rescorla & Wagner, 1972)。ここでは、数式を用いず、図表現だけでこのモデルを解説しよう。

　図 4 -13の左側は、CS と US を対呈示した際の学習曲線である。用いた CS は 1 つ（例えば音）であり、試行を重ねるたびに CS と US の連合が強くなる。なお、条件づけ獲得時の**連合強度**（associative strength）は 0 ～ 1 の範囲で示すのが標準であるが、本書ではわかりやすさに配慮して 0 ～100にしてある。したがって、さらに条件づけ試行を繰り返せば、連合強度は最大値100にいたる。

　図 4 -13の右側は、 2 つの CS を同時に呈示する複合条件づけ事態での学習曲線である。 2 つの刺激が同時呈示されているので、条件づけはやや速く進行する（図中の▲）。しかし、各 CS が最終的に獲得する連合強度は50にすぎない（合わせて100になる）。つまり、刺激間で相互隠蔽が生じる。もし、より強い音 CS を用いれば、例えば音 CS が70、光 CS が30のような内わけになる。

　このように、CS を単独で条件づけしたときに比べて、複数の CS で複合条件づけした場合には獲得される連合強度が小さくなるので、誘発される CR は弱いものになる。これが、レスコーラ゠ワグナー・モデルによる隠蔽現象の説明である。

　阻止現象は図 4 -14のように説明できる。最初に音 CS に対して十分に条件づけられてしまっているから、複合条件づけ期に追加された光 CS は連合強度をほとんど獲得できない。音 CS と光 CS の連合強度の合計は100を超えないからである。

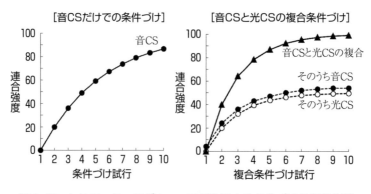

図 4 -13　レスコーラ゠ワグナー・モデルによる条件づけの学習曲線

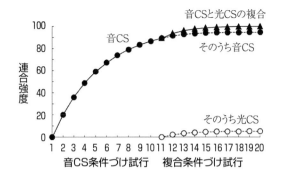

図4-14　レスコーラ＝ワグナー・モデルによる
阻止現象の説明

　随伴性空間に示される確率的な学習も、CS（A）の非呈示時に実験装置という背景刺激
（B）が存在すると仮定すれば説明できる。つまり、CSの非呈示時はB、CSの呈示時はA
＋Bと考える。CS非呈示時（B）のUS確率が0、CS呈示時（A＋B）のUS確率が0.4の
場合、Bの連合強度は0、A＋Bの連合強度はそれより大きくなるので、Aの連合強度は
プラスの値になり、CRが生じる。CS非呈示時（B）と呈示時（A＋B）のUS確率がとも
に0.4の場合、Bは、A＋Bと連合強度が等しいので、Aの連合強度は0になり、CRは生
じない。CS非呈示時（B）のUS確率が0.4、CS呈示時（A＋B）のUS確率が0の場合、
BよりA＋Bの連合強度が小さいので、Aの連合強度はマイナスの値になり、逆方向の
CRが生じる。

　レスコーラ＝ワグナー・モデルからは、新たな現象も発見された（図4-15）。まず、音
CSと光CSをそれぞれ単独でUSと対呈示して、連合強度が100近くまで訓練する。次に
この2つのCSで複合条件づけを行うと、連合強度の合計は200近くになるが、上限は100
なので、各CSの連合強度は合計で100になるまで減少する。複合条件づけ期に各CSの連
合強度が小さくなるのは、USに対する期待が大きすぎるためである。したがって、この
現象は**過剰予期効果**（overexpectation effect）と呼ばれる。

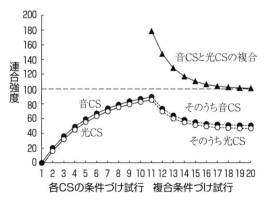

図4-15　レスコーラ＝ワグナー・モデルによる過剰予期効果の説明

4-7　行動の表出

　パブロフの条件反射実験ではCRもURも唾液分泌だった。このように、通常、CRはURと同一または類似した反応である。つまり、条件づけの結果、CSはUSに代わって反応を引き起こす機能を持つようになる。これを**刺激代理説**（**刺激置換説**, stimulus substitution theory）という。

　例えば、のどが渇いた空腹のハトを、2つの反応キーのついた実験装置に入れ、左キー点灯試行では餌、右キー点灯試行では水を与えるという条件づけ訓練を行うと、そのうちハトは点灯したキーに近づいてつつくようになる。水USや餌USが誘発するUR（近づいて口ばしで触れる）というURと同じ反応を、キーCSが誘発するのである。このときキーのつつき方を細かく観察すると、左キーは口ばしをすぼめてキーに押し当て、小さく小刻みに動かす。これは水を飲む動作と同じである。いっぽう、右キーは、大きく広げたくちばしでつつくと同時に口を閉じる。これは餌を食べるときの動作と同じである。

　このように、CRはURと極めてよく似た反応型を示すが、一般にCRはURよりも弱く小さい。唾液分泌条件反射で、メトロノームCSが誘発する唾液分泌CRは餌USが誘発するURよりも量が少ない。また、USだけでなくCSの種類もCRに影響する。例えば、空腹のラットに餌USを用いて条件づけを行う際、音をCSにすると、頭を左右に振ってから餌皿に向かう動作がCRとして見られるが、光をCSにすると、後足で立ち上がってから餌皿に向かう動作がCRとして見られる（Holland, 1977）。つまり、餌皿に近づく反応はURと同じだが、その前に行う反応はCSの種類によって異なるのである。

水を信号する
キーへの反応

餌を信号する
キーへの反応

図4-16　ハトのキーつつき反応の条件づけ
Jenkins & Moore（1973）

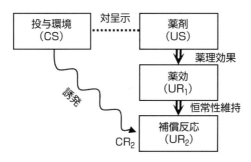

図4-17　薬剤の補償反応の条件づけ

　CRがURと全く異なる場合もある。例えば、ラットにモルヒネUSを注射すると、UR
として脈拍低下・体温上昇・活動性低下・痛み感受性低下が生じるが、いつもモルヒネ注
射を行っている環境CSが誘発するCRは、脈拍上昇・体温低下・活動性上昇・痛み感受
性増大である（Siegel, 1982）。つまり、CRはURの真逆になっている。動物は身体内部の
環境を一定状態に保ち続けようとする**恒常性**（homeostasis）が備わっている。したがっ
て、モルヒネの場合、その薬効を和らげる補償反応がCRとなると考えれば、CRはUR
と同じになる（図4-17）。

　ところで、薬物を繰り返し投与すると薬効が小さくなることがある。これを**耐性**
（tolerance）形成というが、これにも補償反応の条件づけが関与している。薬物はいつも
決まった環境で摂取することが多い。なじみの居酒屋で友と酒を酌み交わす場合や、会社
の喫煙所で同僚と噂話をしつつ煙草を吸う場合、うす暗い自宅の寝室で睡眠薬を飲む場合
などでは、そうした環境がCSとなって、薬効を和らげる補償反応CRが喚起される。し
たがって、より強い薬効を求めるなら、これまで以上の量の薬物を摂取することになる。
これにより、さらに強い補償反応が条件づけられる。この繰り返しによって、摂取する薬
物量は増加する（Siegel & Allan, 1998）。

　しかし、この薬物耐性は環境に依存する。新しい酒場で見知らぬ人に囲まれて酒を口に
し、休日出勤して一人っきりのオフィスで煙草を吸い、旅先のホテルで睡眠薬を飲むよう
な場合、補償反応は小さく、薬効を抑えきれないかもしれない。強すぎる薬効によって重
篤な状態を引き起こす危険性もある。実際に、モルヒネやヘロインの過剰摂取で死亡した
事故を詳細に検討すると、いつもと異なる環境で摂取した事例が少なからず見いだされる
（Siegel, 1984; Siegel & Ellsworth, 1986）。

コラム　第1信号系と第2信号系

　パブロフは、無条件反射系と条件反射系から行動が構成されるとした。この2つは、現代の用語でいえば生得的行動と習得的行動に相当する。パブロフは条件反射系をさらに、**第1信号系**（first signal system）と**第2信号系**（second signal system）に分類した（Pavlov, 1955）。第1信号系は具体的刺激に基づいて学習される条件反射で、人を含むすべての動物に共通である。いっぽう第2信号系は言語をもつヒトに特有な条件反射で、抽象的概念を必要とする。

　例えば、実験参加者に黄褐色の石の写真画像を見せて弱電撃を与えると、その画像は不安を喚起するようになるだろう。これは単純な条件づけで、第1信号系によるものである。しかし、この被験者に、「琥珀」とささやいたとき被験者が不安反応を示したとすれば、おそらくそれは第2信号系によるものである。

　誰かが「琥珀」というのを聞いたとき黄褐色の石を見た経験が過去にあれば、この例は感性予備条件づけで説明することもできる。2次条件づけや感性予備条件づけはカタツムリにも確認されるほど基礎的な学習のしくみである（Loy et al., 2006）。しかし、そこで用いられる刺激は具体的で、第1信号系に留まる。

　ヒトの場合、黄褐色の石の写真に条件づけすれば、さまざまな事柄も不安を引き起こす。例えば「紅茶」や「ウィスキー」という黄褐色の物の名前を聞くだけで不安になるだろう。このように微妙で広汎な刺激作用が第2信号系である。現代の心理学では、第2信号系という概念は用いられない。それに該当する事柄は、刺激等価性（→ p.81）や意味階層ネットワークモデル（→ p.109）によって説明される。

第5章

オペラント条件づけ1

　第3章の扉に記したように、条件づけは「刺激と刺激の連合学習」である古典的条件づけと、「反応と結果の連合学習」であるオペラント条件づけの2種類に分類できる。ただし、今日オペラント条件づけと呼ばれている学習は、当初は「刺激と反応の連合学習」だとされた。その後、**スキナー**（→ p. 4）によって「反応と結果の学習」であると捉えられ直したが、スキナー自身は「連合」という言葉は避けた。結果によって反応の生じやすさ（生起頻度）が変わるという事実、つまりオペラント条件づけの現象そのものが重要なのであって、その背後に「連合」のような心理的メカニズムを想定する必要はないと考えたのである。この立場は、スキナー派、すなわち彼の創始した**行動分析学**（behavior analysis）の研究者である**行動分析学者**（behavior analyst）らによって現在でも支持されている。行動分析学は、環境と行動との関係を分析して、行動の予測と制御を行うことを目的とし、学習の内容（連合構造）を明らかにすることは目指していない。いっぽう、スキナー派以外のオペラント条件づけ研究者は、「反応と結果の連合」を調べている。なお、「結果」という日本語は色々な意味をもつため、「反応に続いて生じた環境の出来事」を意味する「後続事象」という言葉をこれ以降、本書では使用する。

　オペラント（operant）という言葉は、行動が環境を操作する（operate）ことを意味するスキナーの造語である。同じ後続事象をもたらす行動はすべて単一のオペラントである。例えば、どのようにレバーを押しても、餌が1粒出てくるなら、右前肢で押そうが、左前肢で押そうが、両前肢で押そうが、レバーを口にくわえて頭を振ろうが、同一のオペラントである。

　オペラント条件づけの技法は教育・スポーツ・臨床・産業など多くの場面で活用されている。発達障害児の治療教育や特別支援教育への貢献は特に大きい。イルカや鳥の調教、軍用犬や麻薬探知犬の訓練の分野もそうである。例えば、正しい行動をすればクリッカー（金属板器具）を「カチッ」と鳴らしてから餌を与える**クリッカートレーニング**（clicker training）はイヌのしつけの標準技法である（Pryor, 1999）。アフリカでは、クリッカーで訓練した野生ネズミに嗅覚を使った地雷探知を行わせて大きな成果をあげている（Poling et al., 2010: 図5-1）。

図5-1　地雷を探すネズミ
© APOPO

5-1　効果の法則から強化の原理へ

　アメリカの心理学者**ソーンダイク**（Thorndike, 1898）は、空腹のネコを木箱の中に閉じ込め、その外に餌を置いた。木箱には仕掛けがあり、ひもを引く、ペダルを踏むなどの適切な反応をすれば外に脱出できる**問題箱**（puzzle box）となっていた。彼が用いた問題箱は15種類あり、図5-2はそのうちの1つである。ソーンダイクはネコが脱出すると再び同じ箱の中に戻すという作業を繰り返した。実験対象にした12匹のうち1匹のネコが、図5-2の問題箱で示した成績を学習曲線として描いたものが図5-3であり、脱出時間がおおむね徐々に減少している。ソーンダイクは他のネコだけでなく、イヌやヒヨコでも同様の結果を得た。こうした行動変化は、ソーンダイクの実験以前から**試行錯誤学習**（trial-and-error learning）として知られていたが、ソーンダイクはこの学習を初めて数量的なデータを用いて研究したのである。

　その後、ソーンダイクは小さな問題箱を外から開けて餌を取り出す課題を与えたサルでも試行錯誤学習を確認して、**効果の法則**（law of effect）を提唱した（Thorndike, 1911）。

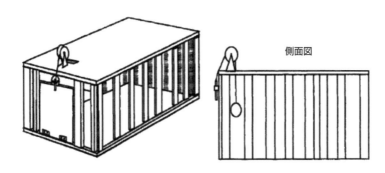

図5-2　ソーンダイクが用いた問題箱の1つ　Chance（1999）を改変
丸いリングを引くと、かんぬきが外れてドアが前方に倒れるしかけになっている。

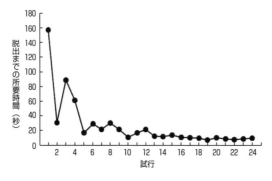

図5-3　あるネコが図5-2の問題箱から脱出するのに要した時間
Thondike（1898）より作図

ソーンダイク

これは、満足をもたらした反応は状況との結合を強めるという「快の法則」と、不満足をもたらした反応は状況との結合を弱めるという「不快の法則」からなる。状況—反応の結合が、その状況で反応しやすさを決定する。状況—反応の結合は、**ハル**（→ p.4）によって、刺激と反応の連合（S-R 連合）として定式化された（Hull, 1937）。

　いっぽう**スキナー**（Skinner, 1938）は、反応がもたらす状況変化（後続事象）によって、その反応がその後に生じやすくなることを**強化**（reinforcement）、生じにくくなることを**罰**（punishment）と呼び、こうした学習の背後に想定される連合構造は重視しなかった。スキナーは、こうした学習を**オペラント条件づけ**（operant conditioning）と名づけ、古典的条件づけとは異なるものだとした（第3章扉参照）。オペラント条件づけの研究では、**スキナー箱**（Skinner box）あるいは**オペラント箱**（operant chamber）と呼ばれる装置がよく用いられる。これは、動物が反応する操作体（レバーやキー）と後続事象（餌）の呈示器械が備えつけられた小空間である。

反応レバー

餌出口

反応キー

餌出口

図5-4　ラット用・ハト用スキナー箱

Topic　練習の法則と準備の法則

　ソーンダイクはほかにも学習の法則をあげている（Thorndike, 1911, 1913）。**練習の法則**（law of exercise）は、状況と反応との結合の機会（練習機会）が多いほど、結合は強まるという「使用の法則（law of use）」と、練習機会がないと結合が弱まるという「不使用の法則（law of disuse）」からなる。**準備の法則**（law of readiness）は、行動する用意ができてないときに行う活動は不快であり、用意できているときに活動しないことも不快である、とする。したがって、成熟や過去経験が適切なときにのみ、状況と反応の結合（つまり、学習）が生じる。準備、つまり**レディネス**（readiness）の思想は、学校教育でのカリキュラム編成にも活用されている。

5-2 強化と罰

オペラント条件づけでは、反応と後続事象との随伴性が重要である。アメリカの心理学者スキナーとその賛同者らは、強化と罰をさらに詳しく検討して（Keller & Schoenfeld, 1950; Skinner, 1953）、反応によって刺激が環境に出現する場合を「正の（positive）」、消失する場合を「負の（negative）」と呼ぶことにした（表5-1）。したがって、反応を強化する後続事象を**強化子**（reinforcer）、罰する後続事象を**罰子**（punisher）と呼べば、出現することで反応を強化する「正の強化子」と罰する「正の罰子」、消失することで反応を強化する「負の強化子」と罰する「負の罰子」があることになる。多くの場合、正の強化子は負の罰子であり、快刺激である。いっぽう、正の罰子は負の強化子であり、不快刺激（嫌悪刺激）である（表5-2）。正の強化子を**報酬刺激**（rewarding stimulus）、正の罰子を**罰刺激**（punishing stimulus）ともいう。

ただし、常に表5-2のようになるとは限らない。例えば、縄張りに侵入する敵の姿は不快だろう。しかし、その出現は縄張りを巡視する行動を増やす正の強化子になることがトウギョで知られている（Thompson, 1963）。喧嘩好きの魚種にとって敵の姿は快刺激だと考えることもできるが、これは後づけの理屈である。このように、あらかじめ刺激を快か不快に区別するのは難しい。表5-2は目安として用いるにとどめ、表5-1をもとにオペラント条件づけを捉えるべきである。

表5-1　正・負の強化と罰

	その後 反応が増える	その後 反応が減る
反応によって 刺激が出現する	正の強化	正の罰
反応によって 刺激が消失する	負の強化	負の罰

表5-2　快刺激と不快刺激の一般的作用

	快刺激	不快刺激
反応後に 出現すると	反応増加 （正の強化）	反応減少 （正の罰）
反応後に 消失すると	反応減少 （負の罰）	反応増加 （負の強化）

強化子は反応直後に与えると作用が大きい（図5-5）。罰子についても同じである。言い換えれば、**即時強化**（immediate reinforcement）や**即時罰**（immediate punishment）は、**遅延強化**（delayed reinforcement）や**遅延罰**（delayed punishment）よりも優れている。

強化子のうち、生得的に反応を強化する力をもつものを**1次強化子**（primary reinforcer）という。1次強化子の多くは、生き延びたり、子孫を残すのに必須のものである（餌や異性個体など）。しかし、そうした機能を直接はもたない**感性強化子**（sensory reinforcer）もある。例えば、絵画や音楽がそうである。

ところで、音を聞かせてから餌を与えるようにすると、この音も反応強化力を持つよう

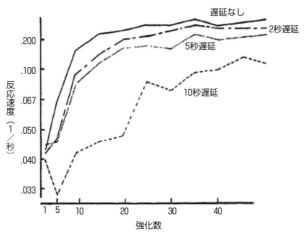

図5-5　反応から強化子までの遅延時間の効果

Perin（1943）を改変

この実験では、レバーは扉の向こう側にある。扉が開いてからレバーを押すまでの時間（潜時）は、餌粒で強化されるたびに短縮する。つまり、反応速度は向上する。レバーを押して餌粒が与えられるまでの遅延が長いと、この学習の進行は緩やかである。

になる。このように、経験により強化力を得たものを**２次強化子**（secondary reinforcer）という。２次強化子が強化力を得るしくみは、古典的条件づけによる。このため、１次強化子は**無条件性強化子**（unconditioned reinforcer）、２次強化子は**条件性強化子**（conditioned reinforcer）である（図5-6）。条件性強化子のうち、複数の強化子と結びついたものを**般性強化子**（generalized reinforcer）という。条件性強化子のうち、触れることができ、他の強化子と交換可能なものを**トークン強化子**（token reinforcer）という（表5-3）。なお、シールなどをトークン強化子として用い、それをためると報酬である**バックアップ強化子**（back-up reinforcer）と交換できるという方法で行動を改善する行動療法を**トークン・エコノミー法**（token economy method）という。

　こうした概念は罰子にも適用できる。つまり、生得的に罰作用をもつ**無条件性罰子（１次罰子）**と、その作用を獲得した**条件性罰子（２次罰子）**に分類でき、条件性罰子には**般性罰子**（例：罵倒の言葉）や**トークン罰子**（例：反則切符）などが含まれる。

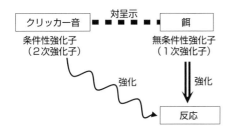

図5-6　条件性強化子の形成の例

表5-3　条件性強化子の例

		トークン強化子で	
		ある	ない
般性強化子で	ある	お金	激励の言葉
	ない	譲渡不可の入場券	クリッカー音

5-3 三項随伴性と反応形成

ソーンダイクの効果の法則とスキナーのオペラント条件づけは、反応頻度が変わる原因をどのように捉えるかが異なっている（図5-6）。ソーンダイクは、出来事によって生じる満足（快）・不満足（不快）が、状況と反応の結合（つまり連合）を強めることが反応変化の原因だとしたが、スキナーは快や不快といった内面に基づく解釈をせず、反応と後続事象との随伴関係という環境的な説明に徹した。

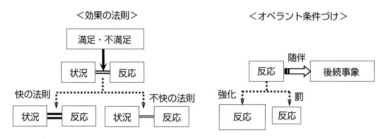

図5-6　ソーンダイクの効果の法則とスキナーのオペラント条件づけの考え方の違い

ところで、特定の状況でのみ反応が生じるような場合は、どのように説明できるだろうか。例えば、ブザー音が鳴っているときはレバー押しに餌粒が後続し、ブザー音が鳴っていないときはレバーを押しても餌粒が与えられないという訓練を行うと、ラットはブザー音が鳴っているときにだけレバーを押すようになる。このときブザー音はレバーを押す反応の手がかり刺激となっている。このように反応を制御する手がかり刺激をスキナーは**弁別刺激**（discriminative stimulus）と名づけた。

オペラント条件づけでは反応と後続事象の随伴関係だけでなく、弁別刺激と反応の随伴関係も重要である。弁別刺激、反応、後続事象の３つが関わるので、**三項随伴性**（three-term contingency）という（図5-7）。弁別刺激は反応に先立つ事象であり、反応と行動はほぼ同義だから、三項随伴性は「先行事象（antecedent）―行動（behavior）―後続事象（consequence）」とも表現できる。こうすると、三項随伴性の分析は英語の頭文字で**ABC分析**となって憶えやすい。行動的問題の解決を目指す**応用行動分析学**（applied behavior analysis）では、ABC分析という表現がよく用いられる。

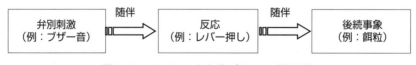

図5-7　オペラント条件づけの三項随伴性

オペラント条件づけの３項のうち最も重要なのは、反応である。古典的条件づけでは、条件刺激と無条件刺激を適切に随伴呈示すれば、条件反応が出現するようになる。つまり、条件刺激が反応を**誘発**（動詞：elicit、名詞：elicitation）する。いっぽう、オペラント条件づけでは、まず反応が**自発**（動詞：emit、名詞：emission）され、それに後続事象が随伴する。

訓練前の反応頻度を**オペラント水準**（operant level）というが、この水準が低すぎると強化子を与える機会がないため、反応頻度を高めることができない。このため**反応形成**（shaping）が行われる。反応形成には色々な方法があるが、最も一般的なものは**逐次接近法**（**漸次的接近法**, successive approximation）で、図５-８のように、形成しようとする反応（**標的行動**, target behavior）に向けて段階的に訓練する。

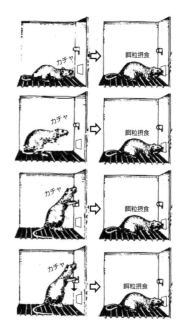

図５-８　逐次接近法
Fischer etal.（1975）を改変
前を向く反応、頭を上げる反応、レバーに触れる反応、レバーを押す反応、の順に、段階的に訓練する。

Topic　迷信行動

行動と無関係に一定間隔で強化子を与えると、特定の反応が繰り返し自発されるようになる。強化子が与えられる直前の反応が偶然に強化されて生起頻度が高まると、次に強化子が与えられる際にもその反応が強化されやすい。スキナーは、こうした循環作用によって特定の反応が強められていくと考え、それを**迷信行動**（superstitious behavior）と呼んだ。例えば、あるハトは首を何度も伸ばし、別のハトは頭を上下に振り、さらに別のハトは身体を左右に何度も揺らすようになった（Skinner, 1948）。こうした行動は食物を探す生得的行動の表れだとの説もあるが（Staddon & Simmelhag, 1971）、その後の研究はスキナーの見解を支持している（Justice & Looney, 1990）。ヒトを対象に行われた有名な実験では、行動と無関係に１分おきに得点を与えたところ、スリッパをつかんで高くジャンプし、そのスリッパで天井を叩くという迷信行動が繰り返し出現した女子学生がいたという（Ono, 1987）。なお、ヒトの迷信行動には言語や文化の影響も大きい（Herrnstein, 1966; Ono, 1994）。

5-4 　動機づけ

　餌が強化子として作用するのは、動物が空腹のときである。しかし、空腹でもまずい餌だと強化力は低い。つまり、**動機づけ**（motivation）は、行動を自発する動物の体内に想定される**動因**（drive）と、その状況において報酬として存在する**誘因**（incentive）の両者の働きからなる。このため、餌を用いてオペラント条件づけ訓練を実施する前には、しばらく絶食状態にしたり、魅力的な餌を用いる必要がある。このように動機づけを変える手続きを**動機づけ操作**（motivating operation）という。

　ハル（→ p.4）は動機づけが学習とその**遂行**（performance）の両方に必須だと考えたが、**トールマン**（→ p.4）は動機づけは遂行にのみ関与し、学習には不要だとした。図5-9はこの立場を支持する迷路学習の実験である。訓練期後半に餌を与えられた「餌なし→餌あり」群のラットは、訓練期を通して餌を与えられた「餌あり群」に勝るとも劣らない遂行成績を示すようになった。これは、成績に反映されない**潜在学習**（latent learning）が訓練期前半に生じていたことを意味しており、餌という動機づけが学習に必須ではない根拠とされている。

　しかし、潜在学習の実験では、目標箱に餌がなくても緩やかな成績改善が見られている（図5-9の餌なし群）。目標箱に達し、迷路から飼育室に戻ることが強化子として作用していたのだろう。また、回転カゴでひたすら走るハムスターのように、行動すること自体がその行動の強化子としてはたらく場合もある。こうした**行動内在的強化子**（intrinsic reinforcer）も、迷路内を正しく進む行動を強めていたのかもしれない。つまり、潜在学習の実験でも強化学習が行われており、その後、目標箱を餌で魅力的にする動機づけ操作によって、遂行に大きく影響するようになったと思われる。

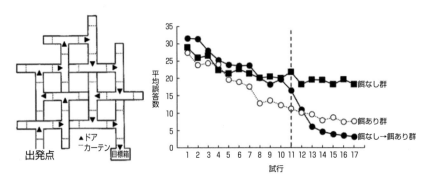

図5-9 　潜在学習実験で用いた迷路と実験結果
Elliott（1928）および Tolman & Honzik（1930）を改変
ドアとカーテンの位置を明示するため、実際の迷路よりも通路幅を広く描いている。

動機づけ操作は、餌や水など必要なものを剥奪・制限する**遮断化**（deprivation）やそれらを十分に与える**飽和化**（satiation）といった動因操作と、強化子の魅力を変える誘因操作からなる。このうち誘因操作は、強化子の種類や量を変えたり、古典的条件づけ手続きでほかの刺激と結びつけることでなされるが、ヒトでは言語教示の効果も大きい。例えば、キュウリを買う頻度は「食べるとやせる」という情報が流れると高くなるし、扇風機のスイッチを押す行動の生じやすさは隣の人が「暑い」というと高まる。こうした教示も誘因操作である。動機づけ操作は、**確立操作**（establishing operation）ともいう。この用語は、動機づけ操作のもつ、（1）強化子の効果を変える、（2）その強化子によって強化されていた反応の頻度を変える、という2つの作用を強調したものである（Michael, 1993）。例えば、空腹になれば餌の強化力は高まるし、以前に餌によって強化されていた反応は増大する。

　ところで、これまで反応の強化子は餌のような「刺激」だとしてきた。しかし、「餌を食べる」反応が「レバーを押す」反応を強化すると考えることもできる。つまり、機会が与えられたときの反応の生じやすさを生起頻度とすれば、「生起頻度が高い反応が生起頻度の低い反応を強化する」と考えるのである（Premack, 1959）。この視点は提唱者の名前から**プレマックの原理**（Premack's principle）と呼ばれている。また、「制限された反応が制限されていない反応を強化する」とも考えられる（**反応遮断化説** response deprivation theory：Timberlake & Allison, 1974）。こうした視点は、動機づけという概念を用いずに強化を説明できるため、相手の欲求の読み取りが困難な実践の場では特に有効である。例えば、運動するよりゲームをする時間が長い子どもを運動させるには「運動するとゲームできる」ようにすればよいし、ゲームをする時間を厳しく制限するとさらによい。

Topic　内発的動機づけ

　デシは、報酬による**外発的動機づけ**（extrinsic motivation）よりも、行動そのものがもつ**内発的動機づけ**（intrinsic motivation）を重視した（Deci, 1971）。例えば、好奇心や「やりがい」のような内発的動機づけによって維持されている行動に対して、外発的動機づけである賞品や金銭を付随させると、内発的動機づけを低下させ、行動成績の悪化を招くと主張した。ただし、こうした有害作用（**アンダーマイニング効果**, undermining effect）が生じるのは、（1）報酬が予告されており、（2）報酬が行動に随伴しており、（3）行動が面白いもの（内発的動機づけの高いもの）であり、（4）報酬が物であるときで、言語的報酬（称賛）はむしろ内発的動機づけを高める（Deci & Ryan, 1980）。デシの研究は、行動の決定権がどれだけ自分にあると思うかが、成績と精神的健康に影響するという**自己決定理論**（self-determination theory）に結実した（Deci & Ryan, 1985）。いっぽう、スキナー派の心理学者は、内発的動機づけの概念を、行動内在的強化という形で取り込んだ。

5-5　消去

　図5-10は1匹のラットの実験結果である。レバー押し反応を餌粒で50回強化した後に、餌粒の呈示を5分間停止したところ、レバー押し回数は徐々に低下した。このように、強化手続きを終えることで自発反応が減少することを、オペラント条件づけの**消去**という。

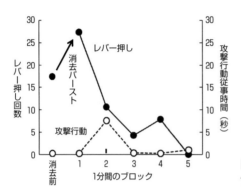

図5-10　消去と攻撃行動
Thompson & Bloom（1966）より作図

　図5-10の消去曲線で興味深い点は、消去手続きの開始直後に一時的に反応が増える**消去バースト**（extinction burst）が観察されていることである。また、この実験では、同じスキナー箱内にもう1匹のラットがいたが、消去2分目にはその個体への攻撃行動が見られている。これを**消去誘導性攻撃**（extinction-induced aggression）という。

　消去手続きには、反応の変動性を高める作用もある。例えば、図5-11は1匹のラットのレバー押し反応の強さを示したものだが、レバーを押す力は消去期に大きく変動していることがわかる。なお、逐次接近法（→ p.61）はこの作用をうまく使って行う。つまり反応1を強化してから消去すると反応1の物理的性質（**トポグラフィ**, topography）が変動する。そうした変動の中から、標的行動に近い反応2を選んで強化する。次に、この反応2を消去することで生じた変動の中から、さらに標的行動に近い反応3を選んで強化する。こうした繰り返しによって、最終的に標的行動を自発させるのである。

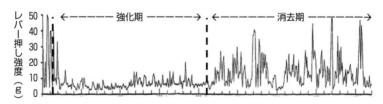

図5-11　消去による反応変動性の増大　Notterman（1959）を改変
オペラント水準測定期（35分間×2日間）の後、強化期（50強化）を4日間行ってから消去期に移行した。
強化期には3g以上の強さのレバー押しが強化された。

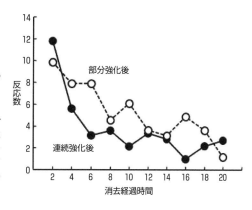

図5-12　ラットのレバー押し反応の消去時にみら
　　　　れた部分強化効果

Mowrer & Jones（1943）を改変
確実に反応するよう予備訓練を行ったラットを2群に分
けた。連続強化群は反応を毎回強化した。部分強化群は
反応が2回あるたびに1回強化（50％強化）した。な
お、両群とも消去前の強化回数は同じになるようにして
ある。図はこうした訓練後に実施した消去セッションの
成績である。

　オペラント条件づけでも古典的条件づけの場合と同じく、連続強化手続きよりも部分強
化手続きで訓練しておいたほうが、消去抵抗は高い（**部分強化効果**：図5-12）。また、消
去した反応は、無関係な刺激の呈示（**脱制止**）、時間経過（**自然回復**）、背景変化（**復元効
果**）、強化子の再呈示（**復位効果**）によって復活する。

　反応の除去は、消去手続き（強化手続きの停止）だけでなく、反応と無関係に強化子を
与える**非随伴強化**（noncontingent reinforcement）手続きや、その反応を一定時間しなけれ
ば強化子を与える**省略訓練**（omission training）などによってもできる。動物は常に何らか
の行動をしていると考えれば、省略訓練は、除去対象となっている反応（標的行動）では
ない他の行動を強化していると考えられるから、**他行動分化強化**（differential
reinforcement of other behavior, **DRO**）手続きともいう。

　この考えをさらに進めたのが、標的行動ではない特定の行動を積極的に直接強化する**代
替行動分化強化**（differential reinforcement of alternative behavior, **DRA**）や、標的行動と同
時にできない行動を強化する**非両立行動分化強化**（differential reinforcement of incompatible
behavior, **DRI**）である。DRAやDRIは標的行動については消去手続きを行う。なお、代替
行動や非両立行動を消去すると、標的行動が復活する（図5-13）。これを**消去誘導性復活**
（extinction-induced resurgence）という。

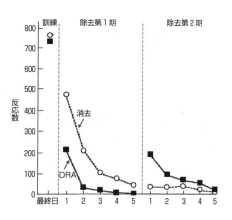

図5-13　ラットのレバー押し反応の除去と復活

Leitenberg et al.（1970）を改変
レバー押し反応を訓練した後、除去第1期において消去群は
強化子の呈示を中止し、DRA群は別のレバーへの押し反応
を訓練した（このとき最初に訓練したレバーへの反応は消去
した）。除去第2期では両群とも強化子をまったく与えな
かったところ、DRA群で反応の復活が生じた。

5-6　逃避と回避

　反応に随伴して刺激が消失し、その後にその反応が生じやすくなるのが負の強化である。ここでいう「消失」には、環境に現在ある刺激がなくなる場合と、出現が予定されていた刺激が出現しなくなる場合がある。前者の場合の行動を**逃避**（escape）、後者の場合の行動を**回避**（avoidance）という。例えば、叱られているときに逃げるのは逃避で、叱られる前に逃げるのは回避である。回避はさらに、刺激の出現が明確に予告されている**信号つき回避**（signaled avoidance）と、明確な予告のない**信号なし回避**（unsignaled avoidance）に分けることができる。信号なし回避のうち、一定間隔で生じる刺激の出現を反応によって延期できる実験状況（図 5 -14）は、考案者（Sidman, 1953）の名前を取って**シドマン型回避**（Sidman avoidance）という。

　ラットの場合、レバーを押して電撃を避ける学習はやや難しい。電撃のような身体末梢の痛みを伴う刺激に対するラットの生得的行動は、移動するか、うずくまってじっとするか、戦うかである。したがって、こうした**種に特有な防衛行動**（species-specific defense reactions, SSDRs：Bolles, 1970）を逃避・回避の反応として学習させることが多い。特に、移動反応がしばしば用いられる（図 5 -15）。

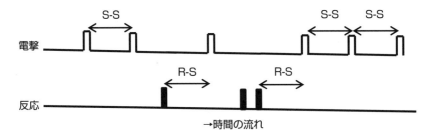

図 5 -14　シドマン型回避の実験手続き
電撃—電撃（shock-shock, S-S）間隔と反応—電撃（response-shock, R-S）間隔が実験者により設定されている。例えば、S-S 間隔 5 秒で R-S 間隔10秒であれば、何もしないと 5 秒間隔で電撃が与えられるが、反応すると10秒間電撃が来ない。

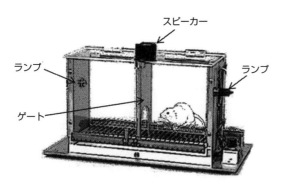

図 5 -15　シャトル箱
スピーカーから警告音が流れている間に、隣室（ラットが右室にいる場合は左室、左室にいる場合は右室）に移動すると、床からの電撃を回避できる。ランプの点灯を警告とした実験もできる。動物が装置内を往復移動（シャトル運動）するよう学習するため、この装置をシャトル箱という。

　セリグマンらは、次のような興味深い実験を発表した（図5-16）。ハンモックに吊るされて逃避不可能な電撃を受け続けたイヌは、その後、シャトル箱で警告音が鳴ったら柵を跳び越えて移動するという回避学習がまったくできなかった。しかし、ハンモックに吊るされているときに、パネルを頬で押すことで電撃を停止できた（つまり、電撃から逃避可能だった）イヌや、ハンモックに吊るされただけで電撃を受けなかったイヌでは、その後の回避学習は容易だった。

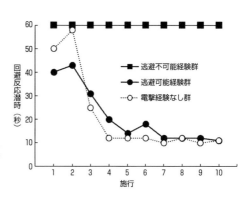

図5-16　イヌの学習性無力感
Maier et al.（1969）
電撃から逃避できないという経験をもつイヌは、警告刺激の呈示から60秒以内に隣室に移動するという回避学習ができなかった。逃避可能経験があったイヌや、電撃をまったく受けなかったイヌは回避学習に困難が見られなかった。

　この結果は、電撃の逃避不可能経験によってイヌが「何をやってもダメだ」という無力感を学習していたためだと解釈できる。こうした**学習性無力感**（learned helplessness）は、ネコ・ラット・マウス・キンギョ・ヒトなどでも報告されていて、動機づけ障害（新しい課題への意欲低下）、認知障害（新しい課題の解決法の発見の遅れ）、情動障害（不安やうつ傾向）をもたらし、神経伝達物質ノルアドレナリンやセロトニンの欠乏を引き起こす（Seligman, 1975）。学習性無力感は、事前に対処可能経験を与えておくと予防できる（図5-17）。学習性無力感現象はゴキブリでも確認されており、やはり対処可能経験により予防できる（Brown et al., 1990）。

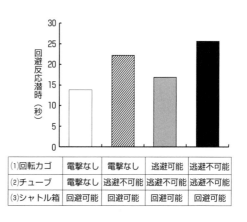

図5-17　ラットの学習性無力感とその予防
Williams & Maier（1977）より作図
チューブ内での電撃逃避不可能経験をもつラットはシャトル箱での回避学習の成績が悪かったが、この無力感現象は事前に回転カゴでの逃避経験があれば予防できた。回転カゴでもチューブでも逃避できなかったラットはシャトル箱での回避学習の成績が最も悪かった（回避反応を行うまでの所要時間が長かった）。

(1)回転カゴ	電撃なし	電撃なし	逃避可能	逃避不可能
(2)チューブ	電撃なし	逃避不可能	逃避不可能	逃避不可能
(3)シャトル箱	回避可能	回避可能	回避可能	回避可能

5-7　罰使用の問題点

　罰手続きは反応を減弱する作用をもつが、日常場面で罰手続きを用いる際には、以下のような副次的作用に留意すべきである。まず、罰手続きは実施者にとっても対象者にとっても不快なことが多く、対象者に怒りや恨みなどの望ましくない情動を引き起こしたり、罰場面からの逃避・回避行動を生みやすい。対象者が反抗的（攻撃的）になったり、あるいは無気力（行動の全般的抑制）になるという問題も引き起こす。罰手続きに即効性がある場合は、実施者が罰手続きを濫用する可能性がある。対象者の反応減弱（不適切行動の低下）や、そうした成果に対する周囲からの賞賛が、罰を使う行動の強化子となるからである。さらに、罰される反応は何らかの強化を受けていることが多いため、罰手続きを中止するとその反応が復活しやすい。また、その反応以外の望ましくない行動に置き換わる可能性もある。罰手続きの実施者がいないときや、実施場所以外では、反応が減弱しないこともある。最後に、罰は不適切反応を減弱させても、何が正しい反応であるかを教えない。

　こうした問題点はあるものの、罰手続きを完全否定するのは賢明でない。不適切反応の強化子が不明だったり、内在性強化子のように撤去困難な強化子によって不適切反応が強化されている場合には、消去手続きは使えないからである。また、不適切行動のために本人や周囲の人の生命や安全が脅かされている場合は、罰手続きの使用も検討すべきである。例えば、図5-18はミルクを吐き戻してしまうために衰弱して生命の危機にある乳児の事例だが、ミルクの吐き戻しにレモン汁を与えるという罰手続きによって、吐き戻しを減少させることに成功している。この介入によって、この乳児は健康に育つことができた。

　不適切反応を減弱するため罰手続きを使用する際は、表5-4の諸点に配慮する必要がある。「反応を罰するのであって、人物を罰するのではない」という罰使用の大原則も忘れてはならない。

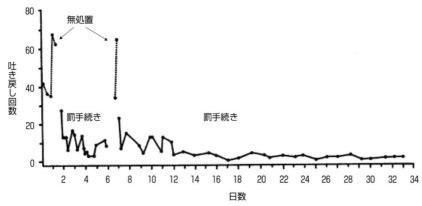

図5-18　ある乳児のミルク吐き戻しへの罰手続きの効果　Sajwaj et al.（1974）を改変
ミルクを吐き戻すたびに口中にレモン汁を入れると吐き戻し行動は減少した。
12日目までは1日2～6回測定し、以後は1日1回測定した。

表5-4　罰使用の原則　Azrin & Holtz（1966）を一部改変

1.	対象者が罰場面から逃げないようにしておく。
2.	十分な強度の罰刺激を用いる。
3.	罰手続きは不適切反応が生起するたび毎回実施する（連続罰）。
4.	罰手続きは不適切反応の直後に遅延なく実施する（即時罰）。
5.	罰刺激を徐々に強くしない（馴れてしまう）。
6.	罰刺激の呈示は短時間にする。
7.	同じ反応に対して、罰手続きと強化手続きを一緒に実施しない。
8.	罰手続きが、「もはや反応は強化されない」ことを知らせる弁別刺激（手がかり）となるようにする。
9.	罰手続きの対象となる反応の動機づけは弱めておく。
10.	罰手続きの対象となる反応に代わる、適切な代替行動を強化する。
11.	適切な代替行動がない場合は、他の場面で強化を受けとれるようにする。
12.	通常の罰手続きが困難な場合、事前に形成しておいた条件性罰子を用いる。
13.	正の罰（罰刺激の呈示）が使用できないときは、負の罰を用いる。負の罰には、報酬場面から追い出す**タイムアウト**（**time-out**）や、入手している報酬を奪う**反応コスト**（**response cost**）などがある。
14.	罰手続きの対象となる反応に、正の強化子を与えない。

　スキナーは、反応がもたらす結果によって、その後にその反応がより生じにくくなることを罰と定義した。したがって、反応頻度の低下に有効でない手続きは、たとえどれだけ不快であっても罰ではない。しかし、日常の言葉では、反応に不快刺激を随伴させれば「罰」であるし、「罰」は「報酬」の反対語である。このため「罰」という用語を排して、「強化」の反対語としてふさわしい**弱化（disinforcement）**に名称変更すべきだとの意見もある（Harzem & Miles, 1978）。

Topics　フラストレーション反応

　消去や罰の手続きは、**フラストレーション**（欲求不満, frustration）を引き起こしやすい。ヒトを含む多くの動物はフラストレーション状況におかれると、攻撃行動（Dollard et al., 1939）や不合理なこだわり（Maier, 1949）を見せる。また、過去にうまくいった行為や対象あるいは欲望、発達初期の行動への退行も見られる（Sears, 1943）。しかし、失敗後に奮起することがあるように、フラストレーションには行動の動機づけ機能もある（Amsel, 1992）。

　娘の授業参観に出席したスキナーは、その非効率的な教授方法に嘆息し、**プログラム学習**（programmed learning）の方法論の構築と、卓上教育器**ティーチングマシン**（teaching machine）の開発に力を注いだ（Skinner, 1965）。プログラム学習は表5-5の5つの原理で表現される教授法である。なお、スキナーは最終目標に向けてA→B→C→Dのように、課題を段階的に進める線形プログラム法（linear programming）を想定していたが、各課題ごとに関連する小課題を習得させながら教授する枝分かれプログラム法（branching programming）もある（Crowder, 1959）。

表5-5　プログラム学習の原理　Fry（1963）

スモールステップの原理	なるべく失敗しないよう課題の段階を細かくする。
積極的反応の原理	課題の理解度は学習者の解答結果で判定する。
即時確認の原理	反応の正誤は直ちに学習者に知らせる。
自己ペースの原理	自分のペースで学習を進められるようにする。
学習者検証の原理	プログラムは学習者の成績をみながら改善する。

　なお、ティーチングマシンは1920年代にも考案されていた（Pressy, 1926, 1927）。スキナーは、行動の自発と即時強化というオペラント条件づけの原理をもとに再発明したのである（Benjamin, 1988）。

　ティーチングマシンの発想は、コンピュータの発達によって**コンピュータ支援教育**（computer-assisted instruction, CAI）を生んだ。その後、パーソナルコンピュータの出現によって CAI は **CBT**（computer-based training）と呼ばれるようになり、さらにインターネットの普及とブロードバンド化にともない **WBT**（web-based training）による学び（**e ラーニング**）へと発展している。

図5-19　ティーチングマシン
Skinner（1958）
生徒は左窓に表示された問題を読み、右窓のテープ紙の上に答えを書く。左手のレバーを引いてテープ紙を移動すると、正解がその上に表示される。自分で答え合わせして、正答であればレバーを右に動かす（記録される）。レバーを最初の位置に戻すと次の問題が表示される。

第6章

オペラント条件づけ2

　問題箱課題では、反応機会1回（1試行）につき1回だけ反応できる。試行と試行の間は反応できない。こうした場面を**離散試行型オペラント**（discrete-trial operant）状況、あるいは反応機会が制限されているという意味で**統制オペラント**（controlled operant）状況という。離散試行状況における行動は、反応出現率（1試行あたりの反応の生起率）、正答率（行った反応のうち正しい反応の割合）、潜時（反応までの所要時間）、反応強度（反応する力の強さや量）などで測定される。迷路課題も離散試行型オペラント状況である。ラットやマウスを使った実験では複雑な迷路のほかに、単純な迷路や選択肢のない走路も用いられる。

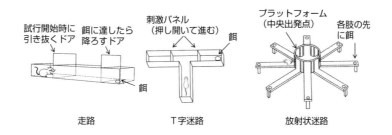

走路　　　　　　　　T字迷路　　　　　　　放射状迷路

　いっぽう、スキナー箱でのレバー押し課題では、いつでも何回でも反応できる。こうした**自由オペラント**（free operant）状況では、反応率（単位時間あたりの反応数）が主な行動指標となる。

　回避学習（→ p.66）では信号つき回避が離散試行状況、信号なし回避は自由オペラント状況である。離散試行状況や自由オペラント状況は実験室以外でも見られる。以下は日常生活での例である。

表6-1　離散試行型オペラント状況と自由オペラント状況の日常例

離散試行型 オペラント状況	教室で授業を受けているときに、指名されて答える
	体育の授業で、一人ひとり跳び箱を跳ぶ
	徒競走でピストルの音と同時に駆け出す
	かかってきた電話に出る
	客の注文に応じてコーヒーをいれる
自由 オペラント状況	教室で授業を受けているときに、頬づえをつく
	図工の授業で、思い通りに自分の粘土をこねる
	広く景色のいい草原を満喫するように走り回る
	特に用件もないのに電話をかける
	休日のんびりしているとき、自分が飲むコーヒーをいれる

6-1　累積記録と強化スケジュール

　自由オペラント状況では、いつでも反応できるため、研究者は行動の時々刻々の変化を観察可能である。図6-1はそうした変化を記録するための装置で、超低速で繰り出される用紙の上に、反応を次々追加する形でグラフ曲線として描く**累積記録器**（cumulative recorder）である。累積記録グラフでは、反応率は曲線の傾きとして読み取ることができる。反応がない期間は傾きゼロ（平坦線）、反応率が高い場合は急な傾き、低い場合は緩やかな傾きである。

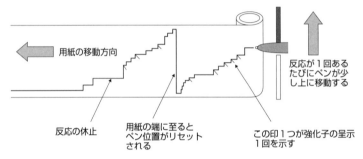

図6-1　累積記録器のしくみ
用紙の移動（紙送り）速度や記録ペンの移動単位は測定対象によって異なるが、紙送りもペンの移動も極めてわずかである。例えば、Frick et al.（1948）が考案したラットのレバー押し反応用の記録器では、用紙は3分間に4ミリの速度で左に移動し、ペンは反応が1回あると0.5ミリ上に移動した。

　累積記録器が最も活躍するのは、部分強化（間歇強化）が行動におよぼす効果を検討するときである。反応に対して強化子をどのように割り当てるかを**強化スケジュール**（schedules of reinforcement）という（Ferster & Skinner, 1957）。反応があるたびに強化子を与える**連続強化**（continuous reinforcement, **CRF**）と、まったく強化子を与えない**消去**（extinction, **EXT**）の間に、さまざまな部分強化のスケジュールが考えられる。下表は代表的な4つの**部分強化**スケジュールである。

スケジュール名	説　明	日常例
固定比率 fixed ratio, **FR**	強化子呈示1回あたりの反応数が毎回同じ 例）FR50だと反応50回ごとに強化	所定の回数、通えば景品がもらえるお店
変動比率 variable ratio, **VR**	強化子呈示1回あたりの反応数が毎回異なる 例）VR50だと平均して反応50回に1回の割合で強化	スロットマシンのような賭け事
固定間隔 fixed interval, **FI**	強化子をもたらす反応までの経過時間が毎回同じ 例）FI50"だと計測開始から50秒経過後の反応を強化	定期的に更新されるウェブ記事の閲覧
変動間隔 variable interval, **VI**	強化子をもたらす反応までの経過時間が毎回異なる 例）VI50"だと計測開始から平均50秒経過後の反応を強化	随時更新されるウェブ記事の閲覧

同一の強化スケジュールで長期間にわたり訓練すると、図6-2に示すような典型的な行動パターンが安定してみられるようになる。

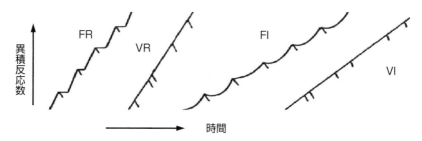

図6-2　代表的な部分強化スケジュールでの反応累積曲線

FRスケジュールでは、強化子が与えられた後、反応しない期間が出現する。この**強化後反応休止**（post-reinforcement pause, PRP）期間の後、いったん反応を始めると強化子を得るまで続けて反応する。こうした行動パターンを**ブレイクアンドラン**（break-and-run）という。なお、FR値（強化子を得るために必要な反応数）が大きいほどPRPは長い。**VRスケジュール**ではPRPは出現せず、反応は高頻度で休みなくなされる。この特性は、ギャンブルが悲劇を生む理由の1つである。

FIスケジュールはPRP後、徐々に反応率が高くなる。累積記録グラフで見ると貝殻の縁のような形になるため、**スキャロップ**（scallop：ホタテ貝を意味する英語）現象という。なお、FI値（所定時間）が大きいほどPRPは長い。

VIスケジュールでは低頻度で安定した反応が生じる。高頻度で反応しても得られる強化子数は増えない（例えば、VI60"だと強化子の上限は1分間に平均1回である）。

なお、FIスケジュールでは、所定時間前に自発された反応は強化子の呈示にまったく影響しない。しかし、所定時間前の反応によって時間がリセットされる強化スケジュールもある。この場合、間をおいて反応する行動が強化されることになるので、低い反応率が強化されることになる。このため、この強化スケジュールを**低反応率分化強化**（differential reinforcement of low rate, DRL）という。例えば、DRL50"のとき、34秒目に反応があると、その時点からさらに50秒間経過しないと反応は強化されない。一定時間（セッション）内に生じた反応があらかじめ決めておいた回数以下のときに、セッション後に強化するという方法でもDRLは達成できる。極めて高い反応率を得たいときには、所定時間内に反応した場合だけ強化したり、セッション内に生じた反応があらかじめ決めておいた回数以上のときにセッション後に強化する**高反応率分化強化**（differential reinforcement of high rate, DRH）を用いるとよい。

6-2 選択行動

　左に進むか右に進むか、1階の居間でくつろぐか2階で勉強するか、など同時に行うことができない反応があるとき、どちらを選ぶかは各反応の容易さとともに、反応の後続事象に依存する。こうした**選択行動**（choice behavior）に関するオペラント条件づけ研究の最大の貢献は、選択肢を選ぶ割合（相対反応率）は、各選択肢を選んだ際に得られる強化子の割合（相対強化率）に一致するという**対応法則**（matching law）の発見である。

　例えば、2つの反応キーがあるスキナー箱でハトを訓練するとしよう。左右のキーへのつつき反応は平均して何分かに1回の割合で餌によって強化された。こうした実験場面を**並列**（concurrent）スケジュールという。

　図6-3は3羽のハトの実験結果をまとめたものである。どのハトも、反応総数のうち左キー反応の割合（縦軸）は、強化子総数のうち左キーで得られた割合（横軸）とほぼ対応していた。これを式で表すと以下のようになる。この式で、B_1は左キーを選んだ回数、B_2は右キーを選んだ回数であり、R_1は左キーを選ぶことで得られた強化子の数、R_2は右キーを選ぶことで得られた強化子の数である。

$$\frac{B_1}{B_1+B_2}=\frac{R_1}{R_1+R_2}$$

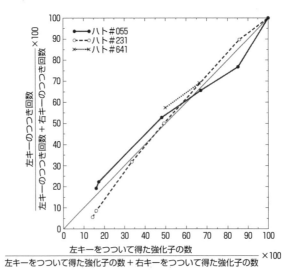

図6-3　対応法則の実験例
Herrnstein（1961）
強化子数の左右比は、各キーに独立のVIスケジュールを設定して変化させた。ハト#055と#231は6条件、ハト#641は2条件でテストした。データ点は各条件において反応率が安定したときの値をプロットしたものである。対角線上にデータ点があるため対応法則が成立しているといえる。

対応法則は日常生活でも見られる。例えば、グループで討論しているとき、左右どちらの人にどれだけ話しかけるかは、発言内容がどれだけ認められたかとほぼ一致する（Conger & Killeen, 1974）。

いつ何を買うかという経済的判断や、野生動物がどの生息地や餌場を選ぶかというのも選択行動である。このため、対応法則を含むオペラント条件づけの選択行動研究は、**行動経済学**（behavioral economics）や**行動生態学**（behavioral ecology）といった学問とも密接に関連している。

Topic　セルフコントロール

われわれが日々行うさまざまな選択の中には、短期的にみると損だが長期的には得になるような選択肢もある。例えば、すぐにもらえる小金（即時小報酬）としばらく待ってから得られる大金（遅延大報酬）のどちらを選ぶかというような状況である。即時小報酬を選ぶような人は**衝動性**（impulsivity）が高いといわれ、遅延大報酬を選ぶ人は**自制（セルフコントロール**, self-control）的だといわれる。

図6-4は、こうした状況をハトで模したものである。ハトの多くは第1リンクで右の白キーを選び、第2リンクで赤キーをつついて即時小報酬を得るという衝動的な行動を示した。しかし、第1リンクが終わってから第2リンクまでの間に16秒間を要するようにすると、ハトの多くは第1リンクで左の白キーを選び、第2リンクで緑キーをつついて遅延大報酬を得るというセルフコントロールを示した。

誘惑に打ち勝つには誘惑から距離をおくとよい。すぐに得られる喜びの魅力は喜びの即時性をなくせばよい。空き時間にゲームする（その場で楽しい）か勉強する（後で役立つ）かを、空き時間ができたときに決めるなら、ゲームを選びがちである。しかし、空き時間ができたらどうするかを前もって決めるようにしておけば、勉強を選びやすいだろう。

図6-4　セルフコントロールの実験手続きの例
Rachlin & Green（1972）
第1リンクで左キーを25回つつくと第2リンクに進み、左キーが緑になり、右キーは消灯する。第1リンクで右キーを25回つつくと第2リンクに進み、左キーが緑、右キーは赤色になる。第2リンクでは、緑キーをつつくと室内灯が4秒間消えてから餌が4秒間与えられ（遅延大報酬）、赤キーをつつくと餌が2秒与えられてから室内灯が6秒間消える（即時小報酬）。消灯したキーはつついても何も起きない。
なお、このように並列スケジュールが連続して生じる（複数のリンクからなる）実験法手続きを**並列連鎖**（concurrent chain）スケジュールという。

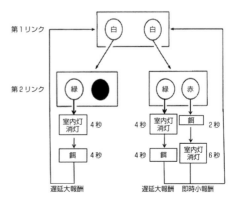

6-3　弁別学習

　刺激Aのもとでは反応すると強化子が得られるが、刺激Bのもとでは反応しても強化子が得られないという状況では、刺激の**弁別学習**（discrimination learning）が進む（図6-5）。つまり、刺激の種類が行動を制御して、刺激Aのときにだけ反応するようになる。行動の**刺激性制御**（stimulus control）は、強化子の有無だけでなく、強化子の多少や、罰子との組み合わせ（ある刺激のもとでは強化され、別の刺激のもとでは罰される）など、さまざまな後続事象によって達成できる。また、刺激Aのもとでは反応Xを行うと強化子が得られ、刺激Bのもとでは反応Yを行うと強化子が得られるという状況では、強化子が得られる正しい反応が学習される。したがって、弁別学習は「弁別刺激—反応—後続事象」という三項随伴性の枠組で捉えるとよい。なお、弁別学習では、反応すべき弁別刺激を**正刺激**（positive stimulus, S＋）、反応すべきでない弁別刺激を**負刺激**（negative stimulus, S－）という。

　図6-5のような状況では、複数ある刺激（ここでは明と暗）を1回につき1つ順番に用いているので、**継時弁別**（successive discrimination）課題である。刺激の呈示法は古典的条件づけの分化条件づけと同様で、S＋とS－の順序はランダムにされる。オペラント条件づけでは、複数の弁別刺激を同時に呈示し、S－を避けてS＋を選ぶよう訓練する**同時弁別**（simultaneous discrimination）課題も用いられる（図6-6）。

　日常生活の例では、信号機を見て横断歩道を渡るかどうか決めたり、相手に応じて雑談の内容を変えたりするような状況が継時弁別であり、スーパーで商品を見比べながらどちらを買うか決めたり、選択式テストで正しい答えを選ぶような状況が同時弁別にあたる。

　弁別学習は、識別する刺激の様相によって、視覚弁別・聴覚弁別・嗅覚弁別などのように分類できる。また、☆と★の弁別のように、単一の物理次元（ここでは明暗）上にある刺激間で識別する**次元内弁別**（intra-dimensional discrimination）と、☆と●のように単一次元上では表せない刺激の間での識別である**次元間弁別**（inter-dimensional discrimination）に分けることもできる。

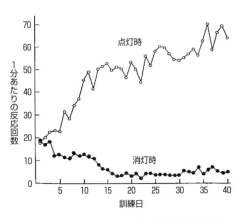

図6-5　ラットによる明暗の継時弁別学習
Herrick et al.（1959）を改変
室内灯の点灯時はレバー押し反応がVIスケジュールで餌粒によって強化された。消灯時には餌粒は与えられなかった。

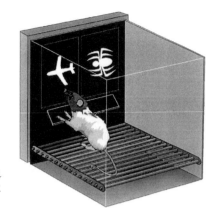

図6-6　ラット同時図形弁別学習の装置の例
Bussey et al.（2009）
正しい図形刺激に鼻先を近づけると餌粒で強化される。左右位置が手がかりにならないよう、どちらにどの刺激が呈示されるかはしばしば変更される。

Topic　無誤学習

　弁別困難な課題はフラストレーション反応を生じさせやすい。また、課題から逃避したり、初めから課題に取り組まないといった問題も引き起こす。そこで、アメリカの心理学者テラスは、間違い（エラー）を最小限にする訓練方法を提唱し、これを**無誤学習**（errorless learning）と呼んだ。例えば、反応キーにS＋が呈示されているときにつつけば餌を与えるが、S−呈示時には餌を与えないという継時弁別訓練を行ったところ、S−がキーに呈示されるとつつくばかりか、羽ばたいて暴れ回るという行動も出現するようになった。しかし、訓練開始時にはS−の呈示時間を最小限にしてつつく暇を与えず、訓練が進むにつれ呈示時間を徐々に延長するといった無誤学習法を用いると、S−につつき反応も見られず、暴れ回る行動も出現しなかった（Terrace, 1966）。

　無誤学習訓練は、知的に遅れのある児童の学習促進法としてしばしば用いられる。ある実践的研究では、図6-7のように三角形と円形の弁別学習訓練を進めたところ、ほとんど誤反応（S−への反応）なく最終的な課題まで習得できた。この例では刺激を少しずつ強くするフェイドイン（fade-in）法が用いられているが、弱くするフェイドアウト（fade-out）法もあり、まとめて**フェイディング**（溶化, fading）という。

　なお、訓練中に誤反応を最小限にする工夫なしに刺激の類似性を高めていくと、次々と困難な課題を与えることになり、実験神経症（→ p.31）を生む可能性があるので注意すべきである。

図6-7　無誤学習訓練で
用いる刺激の例
Schilmoeller et al.（1979）

6-4　刺激般化

　古典的条件づけの場合（→ p.30）と同じく、オペラント条件づけでも**刺激般化**が生じる。つまり、訓練刺激以外の刺激にも反応が生じる。通常は、テスト刺激が訓練刺激と物理的に似ているほど反応が大きいので、グラフ化すれば訓練刺激を頂点とする勾配曲線になる（図6-8）。逆に、般化勾配曲線から刺激の知覚的類似性を推測することもできる。

　しかし、次元内弁別学習を行った後に般化テストを行うと、勾配曲線の頂点や領域がS−とは反対側にずれる。これを**頂点移動**（peak shift）・**領域移動**（area shift）という。S+とS−が近い値であるほど移動幅が大きい（図6-9）。いっぽう、次元間弁別学習を行うとグラフの左右移動はないが、般化勾配は急峻になる（図6-10）。

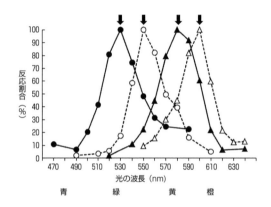

図6-8　ハトの色光刺激般化
Guttman & Kalish（1956）より作図
群によって異なる色光をつつくよう VI スケジュールで訓練した後、消去下でさまざまな色光への反応を測定した。どの群でも、訓練刺激の色光（矢印）を頂点とした般化勾配が確認できる。なお、各刺激への反応の程度は、訓練刺激への反応を100としたときの割合で示してある。

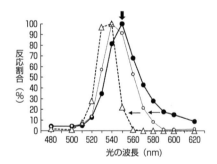

図6-9　般化勾配の頂点移動と領域移動
Hanson（1959）より作図
反応キーに照射された550nm の色光をつつく訓練後に得られた般化勾配（●）よりも、550nmの色光をS+、590nm の色光をS−とする次元内弁別後の般化勾配（○）は左に移動している。S−が555nm の場合の般化勾配（△）はより左に移動している。各刺激への反応の程度は、訓練刺激への反応を100としたときの割合で示してある。

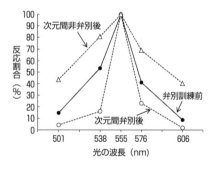

図6-10　般化勾配の急峻化と平坦化
Switalski et al.（1966）より作図
反応キーに照射された555nm の色光をつつく訓練後に得られた般化勾配（●）よりも、555nmの色光をS+、縦線をS−とする次元間弁別後の般化勾配（○）は急峻である。555nm の色光のときも縦線のときもつつけば強化する非弁別訓練後の般化勾配（△）は平坦である。各刺激への反応の程度は、訓練刺激への反応を100としたときの割合で示してある。

刺激般化の基礎研究は色光刺激を用いたハト実験が多いが、ヒトを含む多くの動物でもさまざまな弁別刺激を用いて同じ現象が確認されている。一例として、ウマの頂点移動の実験を図6-11にあげておく。

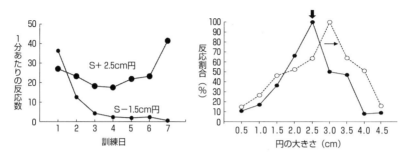

図6-11　1頭のウマの円の大きさの継時弁別学習と般化勾配
Dougherty & Lewis（1991）より作図
画面に映し出された円が2.5cmであればレバーを押して餌が得られるが、1.5cmであれば餌は得られない。この弁別学習の前後で般化テストを行うと、事後テストで頂点移動が見られた。なお、弁別学習の前には2.5cmの円が映し出されたときにレバーを押すだけの訓練を行っている。

Topic　行動対比

図6-9〜6-11の実験では、自由オペラント状況で継時弁別訓練を行っている。つまり、S＋呈示時にはVIスケジュールで強化し、S－呈示時には強化子を与えなかった（消去［EXT］スケジュールを実施した）。このように、弁別刺激ごとに独立にスケジュールを運用する実験技法を**多元**（multiple）スケジュールという。

多元VI EXTスケジュールでは、EXT時の反応減少とは逆に、VI時の反応が増加する**行動対比**（behavioral contrast）が生じやすい（図6-12）。反応とは無関係に強化子を与える方法（反応非随伴強化手続き）で反応を減少させると行動対比は生じない（Halliday & Boakes, 1971）。このため、行動対比は消去によるフラストレーション（→p.69）反応の一種だとみなすことができる。

図6-12　1羽のハトのキーつつき反応の行動対比
Reynolds（1961）
反応キーは赤（●）か緑（○）に点灯する。どちらの色でも平均して3分に1回の割合で強化するVIスケジュール訓練を実施した後、緑キーのときに反応を消去したところ、赤キー時の反応率が増えた。VIスケジュールのため反応率増加に伴う強化子増加は僅少であるが、片方を消去すると、他方で反応が増加したのである。

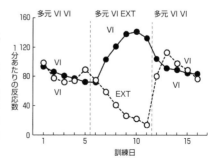

6-5　見本合わせ

　単純な弁別課題では、弁別刺激のもつ役割は常に同じである。例えば、継時弁別の一種である多元 VI EXT スケジュールでは、S＋呈示時は反応が VI スケジュールで強化され、S−呈示時には強化されない。しかし、この世の状況の多くはそれほど単純ではない。例えば、どの商品を買うかはそのときの懐具合による。こうした複雑な状況は、刺激の役割が他の刺激によって異なるので、**条件性弁別**（conditional discrimination）という。

　条件性弁別の代表的な手続きが**見本合わせ**（matching-to-sample, **MTS**）法である。図6-13はその一例で、図形と対応した色を選ぶ課題である。この場合、図形と色は「△は赤、□は緑」という象徴的関係にあるので、**象徴見本合わせ**（symbolic MTS）という。象徴見本合わせは、実験者が見本刺激と正しい比較刺激の対応を恣意的に決めているため、**恣意的見本合わせ**（arbitrary MTS）ともいう。

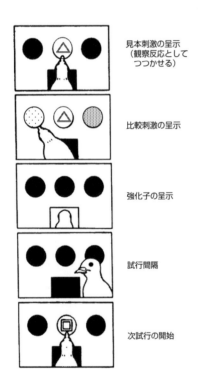

図6-13　ハトの見本合わせの例
Carter & Werner（1978）を改変
中央の見本刺激に対応する色を左右の比較刺激から選べば正答である。間違った比較刺激を選ぶと強化子は与えられず、次試行に移行する。見本刺激は半数の試行では三角形、残りの試行では四角形であり、正しい比較刺激の左右位置も毎試行ランダムに決定される。

（図中ラベル）
- 見本刺激の呈示（観察反応としてつつかせる）
- 比較刺激の呈示
- 強化子の呈示
- 試行間隔
- 次試行の開始

　見本刺激と比較刺激に同じ刺激セットを用いて、「見本刺激が△のときは正しい比較刺激は△」「見本刺激が□のときは正しい比較刺激は□」のように、見本刺激と物理的に同じ性質をもつ比較刺激を選ぶ課題は**同一見本合わせ**（identity MTS）といい、同一性概念（→ p.97）の研究や実践で用いられる。なお、見本刺激と物理的に異なる性質をもつ比較刺激を選ぶ課題は**非見本合わせ**（non-MTS）という。

　ところで、図6-13の例では比較刺激が呈示されたときに見本刺激はまだ呈示されたままである。これを**同時見本合わせ**（simultaneous MTS）という。比較刺激呈示時に見本刺激が消えている**遅延見本合わせ**（delayed MTS）にすれば、記憶の研究法として使用できる。

　見本合わせ手続きは、知的障害児の単語訓練でもしばしば用いられる。例えば、見本刺激が［ウマの絵］カードなら、ひらがなカードは［うま］を選び、見本刺激が［イヌの絵］カードなら、ひらがなカードは［いぬ］を選ぶという訓練で、絵と対応したひらがなを教えることができる（図6-14）。

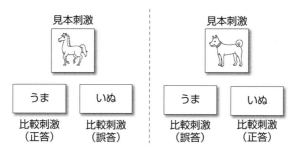

図6-14　見本合わせ手続きを用いた単語訓練の例

　物理的に異なる2つの刺激が同じ反応を引き起こせば、2つの刺激の機能は等価だといえる。例えば、［ウマの絵］と平仮名の［うま］、漢字の［馬］はすべて同じ「うま」という発話を自発させる点においては等しい。つまり、［ウマの絵］［うま］［馬］は1つの**等価刺激クラス**（equivalent stimulus class）を構成する。こうした刺激の**機能的等価性**（functional equivalence）について、象徴見本合わせ手続きに論理学の用語を導入して考究した心理学者が**シドマン**である（Sidman, 1994）。

　図6-14の学習をした児童が［ウマの絵］と［うま］は等しく、［イヌの絵］と［いぬ］は等しいと理解しているなら、見本刺激と比較刺激の順序を逆にしても正しく反応できる（［うま］が見本のとき［ウマの絵］カードを選び、［いぬ］が見本のとき［イヌの絵］カードを選ぶ）はずである。これを**対称性**（symmetry）という。また、図6-14の訓練に続けて、見本が［うま］なら漢字カード［馬］を選び、見本が［いぬ］なら漢字カード［犬］を選ぶように教えると、見本が［ウマの絵］のとき［馬］、［イヌの絵］のとき［犬］を選択できるはずである。この推理を**推移性**（transitivity）という。もちろん、同じカードで同一見本合わせもできるはずである（例えば、見本が［うま］なら［いぬ］カードではなく、［うま］カードを選ぶ）。これを**反射性**（reflexivity）という。こうした関係を［ウマの絵］［うま］［馬］について図6-15に示す（［イヌの絵］［いぬ］［犬］についても同様）。シドマンの**刺激等価性**（stimulus equivalence）は反射性・対称性・推移性を備えた刺激関係である。

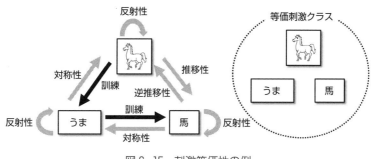

図6-15　刺激等価性の例

6-6　行動連鎖

　投げられた玩具をくわえて持ってくるというイヌの行動は、ラットのレバー押しのような単純な運動ではなく、一連の**行動連鎖**（behavioral chain）である。一連の動作といっても、生得的反応連鎖（→ p.16）とは違って、学習されたオペラント行動であり、「弁別刺激―反応―後続事象」という三項随伴性の連なりであり、反応の強化子が次の反応の弁別刺激になっている（図6-16）。

　行動連鎖を形成する際、行動の流れにそって最初の行動単位（リンク）から順次訓練するのが**順向連鎖化**（forward chaining）で、最終的なリンクから訓練するのが**逆向連鎖化**（backward chaining）である。なお、**総課題呈示法**（total task presentation）では、一連の行動をすべて行わせて強化する。

　ヒト以外の動物では、逆行連鎖化が有効である。図6-16の例だと、まず玩具をイヌの口に軽く押し込み、イヌがそれを吐いて渡してくれたら餌（ごほうび）をやる。玩具を飼い主に渡す行動を十分に形成したら、玩具を目の前に置き、イヌがくわえて拾って渡してくれたら餌をやる。次は少し離れたところに投げて、イヌが走ってくわえて拾って渡してくれたら餌をやる。

　逆行連鎖化では訓練手続きの中に、反応の弁別刺激が1つ前の反応の強化子になるしくみが備わっている。図6-16の例だと、「玩具―渡す―餌」の流れに「玩具―餌」が含まれているので、古典的条件づけの作用で玩具が条件性強化子になる。順行連鎖化や総課題呈示法にはそうしたしくみがないため、補助的な強化子を伴わせる必要がある（例えば、投げた玩具に向かって走ったらほめる）。

　ヒトが日常生活で行う行動の多くは行動連鎖である。例えば、ズボンをはく行動は、ズボンに手を伸ばす、引き寄せる、片足を通す、もう一方の足を通す、ズボンを引き上げる、チャックやボタンを締める、という行動連鎖になっている。行動連鎖の形成が難しい場合、最初のうちは、反応が自発しやすくなるような刺激を与えたり（**刺激プロンプト** stimulus prompt）、反応を介助したり（**身体的ガイダンス** physical guidance）するとよい。ズボンをはく場合なら、足を通す部分を持ち上げて見せるとか、足に手を添えて伸ばすなどである。刺激プロンプトや身体的ガイダンスは単純な運動反応の形成時にも用いることがある。

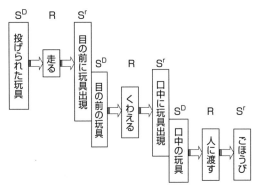

図6-16　「持ってこい」を学習したイヌの行動連鎖
S^D: 弁別刺激、R: 反応、S^r: 強化子

6-7　生物的制約

　古典的条件づけと同じく、オペラント条件づけによる学習にも生物的制約がある。例えば、ハムスターが行うさまざまな反応には、餌で強化しやすいものとそうでないものがある（図6-17）。

　手をかけて仕込んだ動物芸が、崩壊して生得的な行動に置き換わってしまう**本能的逸脱**（instinctive drift）の事例も知られている（Breland & Breland, 1961）。電撃からの回避学習を、種特異的防衛反応ではない行動（例えば、レバー押し）で訓練しようとするのはやや難しい（Bolles, 1970）。

　これらは反応と後続事象の随伴性の学習における制約だが、弁別刺激と反応の随伴性の学習にも制約がある。例えば、イヌに音の継時弁別訓練を行う際は、音と反応の組み合わせに相性がある（Dobrzecka et al., 1966）。音質（メトロノームかブザーか）に応じて反応するかしないかを学習させるのは容易だが、音質に応じて左肢で反応するか右肢で反応するかの学習は難しい。いっぽう、音のする場所（前か後ろか）に応じて反応するかしないかを学習させるのは困難だが、音のする場所に応じて左肢で反応するか右肢で反応するかの学習はたやすい。

　学習の制約は弁別刺激と後続事象の随伴性においても見られる。例えば、餌を強化子にした場合は音よりも光を手がかりに弁別学習するほうが容易で、電撃からの回避学習では光よりも音を手がかりに弁別学習するほうが容易であることがハト（Foree & LoLordo, 1973）やラット（Schindler & Weiss, 1982）で報告されている。

　古典的条件づけもオペラント条件づけも、動物が生得的にもつ**行動システム**（behavior system）をもとにして成立するため、それに合致したものは学習しやすく、そうでないものは学習しにくいと考えられる（Timberlake & Lucas, 1989）。

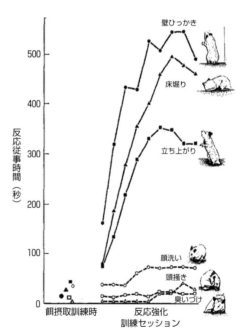

図6-17　ハムスターのオペラント条件づけ
Shettleworth（1975）を改変
装置内で餌粒を食べる訓練を行った後、所定の反応を餌粒で強化した。

コラム：条件づけられているのはだれ？

　ラットのレバー押し反応を形成するとしよう。ラットがレバーを押すことは餌粒で強化される。このとき、実験者がラットに適切なタイミングで餌粒を与える反応は、ラットが正しくレバーを押すという事実で強化される。つまり、この場面ではラットも実験者も学んでいるのである（図6-18）。

　教師と生徒の関係もこれと同じである。生徒の勉強行動は教師のほめ言葉で強化される。教師の優れた教授行動は生徒がよい成績を取ることで強化される。こうした教師と生徒の関係をハトの実験（図6-19）で例示してみよう。生徒ハトが部屋の一角に近づけば教師ハトは反応キーをつついて餌を与える。生徒ハトがその場所に行くと床面のスイッチが入って、教師ハトの部屋に餌が呈示される。生徒ハトは正しい場所を学習しなくてはな

「ほら、この男を条件づけてやったぞ。俺がレバーを押すたびに、この男は餌粒をよこすんだ」

図6-18　オペラント条件づけの戯画
Skinner（1956）

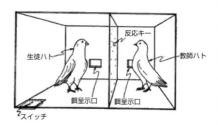

図6-19　生徒ハトと教師ハトの実験
Herrnstein（1964）

らない。いっぽう、教師ハトは生徒ハトを正しい場所に導く方法を学習しなくてはならない。図6-20は各ハトの3項随伴性を白矢印、項目の対応を黒矢印で示したものである。なお、教師ハトの最初のキーつつき反応の後続事象が、次のキーつつき反応の弁別刺激になっている。

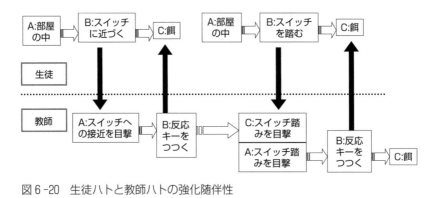

図6-20　生徒ハトと教師ハトの強化随伴性

84

第 7 章

さまざまな学習

　スキナー派の心理学者（行動分析学者）にとって、学習は第2～6章で述べた馴化や鋭敏化・古典的条件づけ・オペラント条件づけのいずれか（あるいはその組み合わせ）であり、このうち最も重要なのはオペラント条件づけである（Skinner, 1953）。しかし、これらのしくみで解釈するのが容易でない学習現象もある。

　本章ではそうした学習現象のうち、運動学習・記憶・洞察学習・概念学習・観察学習と、それに関係する事項を取り上げる。これらの学習現象は条件づけの枠組で説明できなくはないが、単純な理解を阻む側面ももつ。また、行動主義心理学者以外の研究者らによって注目され、独特の研究方法が開発されて、条件づけとは異なる観点から理論構築されてきた。

　例えば、洞察学習を含む思考研究はドイツの**ケーラー**（W. Köhler）や**ウェルトハイマー**（M. Wertheimer）が20世紀前半に行った研究の貢献が大きい。彼らは「場の構造」という理論を用いる**ゲシュタルト心理学**（Gestalt psychology）の学者である。

　また、本章で扱う学習現象の多くは、1960年代以降は認知心理学の理論的枠組で説明される。観察学習研究で著名な**バンデュラ**（A. Bandura）も行動主義から認知主義へ転向した心理学者の1人である。

　1960年に**ミラー**（G. A. Miller）とともに認知心理学を旗揚げした**ブルーナー**（J. Bruner）は、心理学の多方面で活躍したが、学習心理学関連の業績として、思考の方略や教育方法の研究がある。ブルーナーはアメリカ政府の教育政策に深く関与し、『教育の過程』（1960）、『教授理論の建設』（1966）、『教育という文化』（1996）など多くの著作で教育界に大きな影響を及ぼした。例えば、教師によって教示された法則や概念を受動的に学ぶ**受容学習**（reception learning）に比べ、生徒自身がそれらを見出す**発見学習**（discovery learning）は、知識獲得が速く、学習意欲が高く、記憶保持がよく、応用力がつくと主張した（Bruner, 1961）。ただし、**オースベル**（Ausubel, 1963）によれば、学習内容についての基礎知識（**先行オーガナイザー** advance organizer）をあらかじめ与えた受容学習（意味的受容学習）は、発見学習よりも優れている。

ケーラー　　ウェルトハイマー

ミラー　　　ブルーナー

7-1　運動学習

　オペラント条件づけによって獲得される行動は、レバー押しやキーつつきなどのような単純な反応に限らず、工業機械や兵器の操作、自動車運転、運動競技、コンピュータゲーム、芸能の所作など複雑な動作にも及ぶ。こうした複雑な動作の獲得については、産業界や軍からの要請もあって、**運動学習**（motor learning）という独自の研究分野が誕生した。その後、スポーツや理学療法での身体運動機能改善の面での応用研究も盛んとなり、今日にいたっている。

　複雑な動作のほとんどは、反応が引きおこす環境変化に即座に応じて、行動の強さや性質を修正する**知覚運動協応**（perceptual-motor coordination）を必要とする。このため、運動学習は**知覚運動学習**（perceptual-motor learning）ともいう。また、複雑な動作の多くは技能であるため、**技能学習**（skill learning）・**運動技能学習**（motor skill learning）・**知覚運動技能学習**（perceptual-motor skill learning）とも表現される。これらはほぼ同義なので、ここでは「運動学習」に用語統一して解説する。

　図7-1はヒトの運動学習研究の例で、経験量に応じた成績改善が見られる。なお、ヒト以外の動物でも運動学習が見られる。例えば、ソーンダイクの問題箱実験（→ p.56）の脱出時間短縮には、脱出のための行動（例：リングひき）の運動技能向上が貢献している。

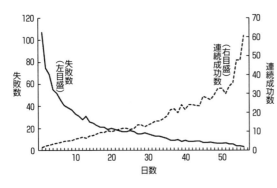

図7-1　お手玉の学習曲線
Peterson（1917）より作図
片手にボールを2つ持ち、1つ投げて落ちてくる間に次のボールを投げてから、最初のボールをキャッチするという動作を繰り返す「片手2個ゆり」という技の習得を示す。56日間連続で、毎日200キャッチするまで実施した。曲線は13名の平均値である。

　運動学習に大きく影響するのが、行動がもたらす**結果の知識**（knowledge of result, **KR**）である。図7-2は、目隠しして一定の長さの線を引く課題（長すぎても短すぎても誤り）の結果だが、正誤のフィードバックは早いほうがよいことがわかる。正誤のフィードバックを強化子・罰子と考えれば、これはオペラント条件づけの例だとみなせる。しかし、正誤という質的フィードバックより、「どれだけずれているか」という量的フィードバックのほうが有効である（図7-3）。これは、強化・罰といった単純な説明の枠にはおさまらない。なお、見当違いのフィードバック（例えば、図7-3の無意味綴りを告げる群）はないほうがましである。

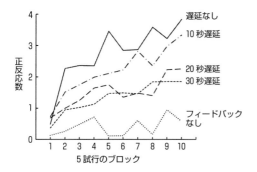

図7-2 フィードバックの遅延の効果
Greenspoon & Foreman（1956）を改変

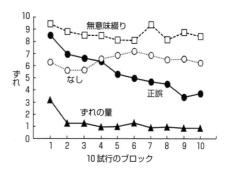

図7-3 フィードバックの種類の効果
Trowbridge & Cason（1932）

　運動技能は、速さ・正確さ・フォーム・適応性の4要素からなる（Singer, 1968）。このため、運動学習では、結果だけでなく、どのように行動しているかという**遂行の知識**（knowledge of performance, **KP**）も重要である。図7-4はKPも含めて適切にフィードバックした**行動コーチング**（behavioral coaching）法によってテニス技能が向上した事例である。なお、この研究はスキナー派の心理学者によってなされたものである。運動学習研究も実践分野では行動主義的アプローチが強い。

　楽器演奏やダンスなどの運動は習熟すると、一連の滑らかな動作が自動的に出現し、動作中のフィードバックは不要になるため、行動連鎖（→ p.82）では説明できない。こうした動作を**運動プログラム**（motor program）という（Lashley, 1917）。なお、経験による**熟達化**（expertise）は技能学習以外でも実践に関わる知識技能（実践知）の習得において重要である（金井・楠見, 2012）。

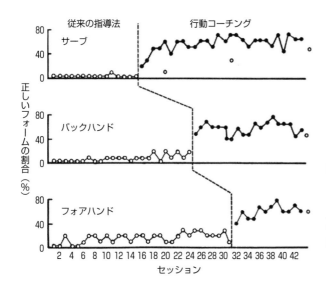

図7-4　1名の大学生男子テニス選手のフォームにおよぼす行動コーチングの効果

Allison & Ayllon（1980）を改変
行動コーチング（●）を導入すると成績が向上した。この学生の場合、十分に学習すると、従来の指導法（○）に戻しても成績はあまり低下しない。

7-2　学習の方法

　学習課題を休憩なしに行う方法を**集中法**（massed method）、休憩を入れながら行う方法を**分散法**（spaced method）という。馴化の維持（→ p.21）や古典的条件づけの獲得・維持（→ p.32）では、試行間隔が長いほうが学習成績が優れていた。試行間隔は休憩時間に当たるから、分散法のほうが優れていることになる。複雑な学習でも総じて分散法がよい（図7-5）。休憩は疲れを取り、動機づけを維持し、前試行からの干渉を小さくし、学習者が自発的に復習する機会を与えるからである。

　しかし、集中法のほうが望ましい場合もある。（1）課題に取りかかるのに毎回準備が必要な場合、（2）学習した内容を休憩中に忘却してしまう場合、（3）試行ごとに柔軟な反応を行うことが求められる場合には、集中法が望ましい（Hovland, 1951）。このうち、（1）と（2）の理由は自明だが、（3）の場合に集中法がよいのは、休憩中に学習者が行う復習によって特定反応が固定してしまい、柔軟性を失うからである。

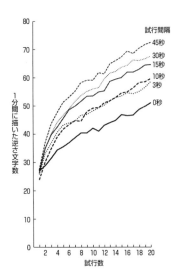

図7-5　逆さ文字課題における
　　　　試行間隔の効果
Kientzle（1946）より作図

　さて、複数の要素からなる学習課題をひとまとめに学習する方法を**全習法**（whole method）、分割して学習する方法を**分習法**（part method）という。一般に、複雑な学習では分習法がよい（図7-6左）。学習に含まれる要素間で干渉が大きいからである。しかし、全習法が優れる場合もある。（1）学習者の年齢や知能が高い場合（図7-6右）、（2）学習の動機づけが高く長期的視野に立つことができる場合、（3）学習の後期、（4）分散法で学習する場合、（5）課題が比較的単純で短い場合は、分習法より全習法のほうがよい（辰野, 1973）。

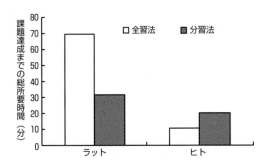

図7-6　複雑な迷路課題における全習法と
　　　　分習法
Pechstein（1917）より作図
複雑な迷路をそのまま訓練した全習法群と、4分割して訓練してから統合した分習法群の成績。総所要時間は短い方が望ましい。なお、ヒトは金属板上の迷路の走路を鉄筆でなぞる課題である。

7-3　最適覚醒水準

効率的に学習できるか、実力を発揮できるかは、興奮あるいは緊張の程度にもよる。例えば、スポーツの試合、人前での楽器演奏、筆記試験などでは、興奮・緊張が高すぎるとだめだが、弛緩しているよりは少し興奮・緊張しているほうがよい。興奮や緊張は神経系の覚醒であるから（Hebb, 1955）、最もよい成績を生む興奮・緊張の強さを**最適覚醒水準**（optimal arousal level）という。表7-1は、さまざまなスポーツ競技の最適覚醒水準である。

表7-1　スポーツ競技の最適覚醒水準　Oxendine（1970）

覚醒水準	スポーツ競技
5	アメフト（ブロック、タックル）、背筋力・握力テスト、200m走、400m走、腹筋運動、腕立て伏せ、懸垂、重量挙げ
4	走り幅跳び、100m走、長距離走、砲丸投げ、競泳、レスリング、柔道
3	バスケットボール、ボクシング、走り高跳び、体操、サッカー
2	野球（投手、打者）、飛び込み競技、フェンシング、アメフト（クォーターバック）、テニス
1	アーチェリー、ボウリング、バスケットボール（フリースロー）、アメフト（フィールドゴール）、ゴルフ（パット、ショートアイアン）、フィギュア（規定演技）

運動学習に限らず、複雑で困難な課題ほど最適覚醒水準は低い。これを発見者の名前から**ヤーキズ＝ダッドソンの法則**（Yerkes-Dodson's law）という。この法則はマウスの学習実験で発見されたが（図7-7）、ヒトにも当てはまる。

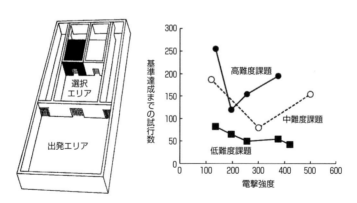

図7-7　マウスの明暗弁別装置と課題成績
Yerkes & Dodson（1908）を改変
マウスを出発エリアから選択エリアに移動させ、背後から板で押して黒箱か白箱のいずれかを強制的に選択させた。マウスは暗がりを好む生得的傾向があるため、逆に、明るいほう（白箱）を選んで出発エリアに戻るよう訓練した。具体的には、黒箱を選ぶと電撃を与えた。課題の難度は、黒箱と白箱の明暗の違いの程度であり、低難度・中難度・高難度の3種類がある。課題が容易であるほど、学習基準達成に要する試行数が少ない。また、低難度課題では電撃強度が強いほど好成績で、中難度課題では強度315、高難度課題ではさらに弱い強度195で最も成績がよかった。電撃が喚起する不安の強さを覚醒水準と考えれば、課題が困難なほど最適覚醒水準は低いという関係が読み取れる。

7-4　学習の転移

　学習効果が別の行動に波及したり、新たな学習に影響することを**転移**（transfer）という。転移は馴化や条件づけでも生じることがあるが、複雑な動作が含まれる運動学習では、特に重要である。例えば、ボールを右足で蹴る練習をすると、左足で蹴るのもうまくなることがある。このように、左右の同じ運動器官の間で生じる転移を**両側性転移**（bilateral transfer）という。また、英語を習っておくとドイツ語の習得が容易である。このように、ある言語の学習が外国語学習に影響することを**言語転移**（language transfer）という。特に母語（最初に学び、日常使用する言語）が外国語習得におよぼす影響は極めて大きい。

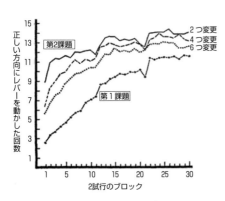

図7-8　学習の転移におよぼす課題類似度の効果

Duncan（1953）を改変
電球の色に応じて正しい方向にレバーを動かす課題の成績。縦軸は電球点灯20秒間に正しい方向にレバーを動かした回数。正しい方向であればイヤホンから音がした。電球6色とレバー6方向を対応づける第1課題の実施後、電球色とレバー方向の組み合わせを変更して第2課題を行った。第2課題は第1課題よりも学習が速い（正の転移）。

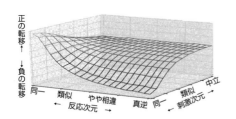

図7-9　転移逆向曲面
Osgood（1949）のモデル図をもとに新たに作図
転移量は太線で示されている。

　転移には促進作用と妨害作用がある。例えば、卓球経験者は初めてのテニスでも割と上手にプレイできるだろうし、上達も速いだろう。こうした促進作用を**正の転移**（positive transfer）という。しかし、卓球の腕や手首の動きは、テニスの正しいストロークとは異なるため、その習得に悪影響を及ぼす場合もある。こうした妨害作用を**負の転移**（negative transfer）という。図7-8の実験では、すべての群で第1課題よりも第2課題の成績がよい（正の転移）。しかも、第1課題と第2課題が類似しているほど転移は大きい。

　オズグッドは2つの課題間で、刺激と反応がどれだけ類似しているかが転移の方向と大きさを決めるとした（図7-9）。刺激も反応も同一のとき転移量が最大であるが、この場合は「転移」と呼ぶべきではないだろう。反応が同一で刺激が類似している場合は刺激般化（→ p.78）である。刺激が同一で反応が類似しているときは反応般化という。反応がかなり類似していないと反応般化は生じない（図7-9の破線より左側）。課題間で、刺激が同一で反応が反対のときは負の転移が生じる。

　転移は言語課題と運動課題の間にも生じる（図7-10）。こうした**メンタルリハーサル**

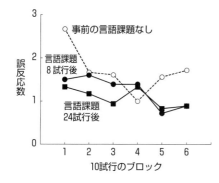

図7-10　言語課題から運動課題への転移
Baker & Wylie（1950）
電球色（赤・緑）と位置（上・下）に応じて4つの中から正しいスイッチを押す運動課題の成績。あらかじめ正しい組み合わせを言語的にリハーサルしておくと運動課題で誤りが少ない。

（mental rehearsal）が有効なのは、運動学習には心的枠組、つまり**スキーマ**（schema）の習得が含まれるからである（Schmidt, 1975）。なお、メンタルリハーサルに対応する和製英語が「イメージトレーニング」である。共通のスキーマが存在しない課題間では、転移は生じにくい（転移の領域固有性）。

Topic　学習することの学習

　刺激AをS＋、刺激BをS−とする弁別課題の習得後、正誤を入れ替えて刺激AをS−、刺激BをS＋とする弁別課題を行うことを**逆転学習**（reversal learning）という。逆転学習では刺激が同一で反応が反対になるため、逆転当初の成績は悪い。つまり、負の転移を示す。

　逆転課題の習得後、再び正誤を入れ替えることを繰り返す**連続逆転学習**（serial reversal learning）課題では、課題習得に要する試行数は次第に少なくなる（図7-11実線）。また、刺激AをS＋、刺激BをS−とする第1課題の習得後、刺激CをS＋、刺激DをS−とする第2課題、・・・のように新課題を次々与えても学習効率が改善する（図7-11破線）。

　これらの事実は、「どのように学習するか」についても学習できることを示している。これを**学習セット**（学習の構え learning set）の形成という（Harlow, 1949）。第1課題を長期間訓練すると、第2課題での逆転学習が速やかに進む**過剰学習逆転効果**（overlearning reversal effect）も、課題自体の学習以外に、学習セット形成が生じることを示唆する。教育学では、具体的な知識や技能の教育を**実質陶冶**（material discipline）、知識や技能を習得する能力の教育を**形式陶冶**（formal discipline）という。これらを心理学用語に直せば、実質陶冶は課題学習そのもの、形式陶冶は学習の転移や学習セットに該当する。

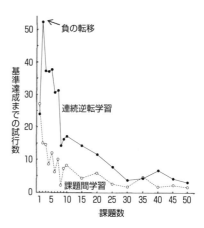

図7-11　チンパンジーの学習セット形成
Schusterman（1964）
連続逆転学習、課題間学習ともに50課題を実施。各課題の達成基準は12試行連続正答である。

7-5　学習と記憶

　第1章第1節で述べたように、エビングハウスの記憶実験は学習心理学の黎明期^{れいめい}におけ
る重要な研究の1つであった。彼の実験では、純粋な記憶能力を測定するため、記憶の対
象（記憶材料）は無意味綴りだったが、その後は意味をもつ言葉の記憶研究や、言語が記
憶に及ぼす影響の研究（図7-12）も盛んになる。

　記憶の実験では、被験者に記憶材料を呈示し、一定時間の後にその保持をテストする。
記憶保持のテストには、エビングハウスの実験のように、元の学習と同じ課題を再学習す
る際の効率をみる**再学習**（relearning）、図7-12の実験のように記憶したものを再現する
再生（recall）、記憶材料を再呈示してそれが記憶にあるかどうかをたずねる**再認**
（recognition）の3つの方法がある。

　ジェームズ（→p.4）は、いま意識内にある短い記憶を1次記憶（primary memory）、
長期間保存され必要に応じて意識に呼び起こす記憶を2次記憶（secondary memory）と区
別した（James, 1890）。これは現在、**短期記憶**（short-term memory）と**長期記憶**（long-term
memory）と呼ばれており、感覚記憶を含めた**多重貯蔵庫モデル**（multi-store model）とし
てまとめられている（図7-13）。なお、感覚記憶や短期記憶には永続性がないため、通常
は学習に含めない。

　課題実行中に能動的に作用する記憶の働きを**作業記憶**（**作動記憶** working memory）とい
う（Miller et al., 1960）。多重貯蔵庫モデルでは、作業記憶は短期記憶の別名である。しか
し、短期記憶・長期記憶という区分にこだわらず、貯蔵した情報を積極的に処理するメカ
ニズムを意味する言葉として、作業記憶とい
う用語を使う研究者もいる（Baddeley &
Hitch, 1974）。

　認知心理学者**タルヴィング**は、長期記憶に
は、言葉の意味や概念に関する一般的知識に
関する**意味記憶**（semantic memory）、時間や
場所の情報をもつ特定の出来事に関する**エピ**

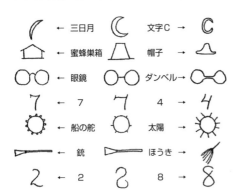

図7-12　図形の再生におよぼす命名の効果
Carmichael et al.（1932）
「次の図形は○○です」という音声教示ととも
に、図形を次々見せられた被験者は、図形を思い
出して描くよう求められると、与えられた名前に
似た図を描く傾向があった。左右の図形は被験者
の描いた図形の例である。なお、実験では12種類
の図形を用いているが、ここではそのうち7つを
示している。

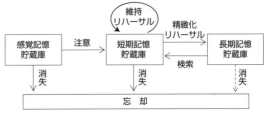

**図7-13　Atkinson & Shiffrin（1968）の多重貯蔵
　　　　　庫モデル**

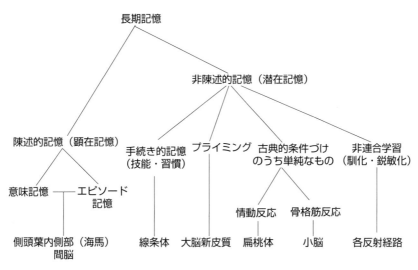

図7-14　長期記憶の種類と対応する脳部位
Squire & Knowlton（1994）を改変

ソード記憶（episodic memory）、技能や動作に関する**手続き的記憶**（procedural memory）
の３種類に区分し（Tulving, 1972）、**シャクター**は想起する際に意識的な操作を必要としな
い**潜在記憶**（implicit memory）と、意識が関与する**顕在記憶**（explicit memory）があるこ
とを指摘した（Graf & Schacter, 1985）。神経科学者の**スクワイア**（L. R. Squire）は、傷害
を受けた際に機能低下する脳部位の違いをもとに、長
期記憶を図7-14のように分類している。

Topic　レミニセンス

　ジェームズはあるドイツ人の言葉として「水泳は冬
の間に、スケートは夏の間に習熟する」との言葉を紹
介している（James, 1890）。つまり、技能は練習中だ
けでなく、その後の練習していない時期にも向上する
というのである。このように、学習直後よりも時間が
経過した後のほうが成績がよくなることを**レミニセン
ス**（reminiscence）という。この現象は学習中に蓄積
した疲労や他の記憶材料との干渉が、時間経過により
消失するためだと考えられる。

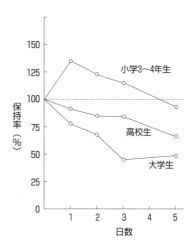

図7-15　詩の暗唱の記憶
Williams（1926）を改変
小学３〜４年生では、学習終了時より
も１〜３日後のほうが成績がよかった
（レミニセンス）。こうしたレミニセン
スは抽象語の記憶では小学生において
も見られなかった。

7-6　洞察学習

　ソーンダイクの問題箱実験で、装置の中の動物は装置全体を見渡せなかった。例えば、図5-2の装置（→ p.56）では、リングに結わえられたひもが滑車を介してドアのかんぬきにつながっている状況を、装置内部から見て取るのは不可能だった。ヒトの心理作用は状況（**場** field）の全体構造の把握に基づくとするゲシュタルト派心理学者によれば、全体構造が見渡せるような状況なら、ヒトなどの高等動物は、試行錯誤ではなく、場の構造を見通す**洞察**（insight）によって問題を解決するという。つまり、洞察による学習である。

　洞察学習については、ゲシュタルト心理学者**ケーラー**がチンパンジーを対象に行ったさまざまな実験（Köhler, 1917）がよく知られており、特に有名なのが「箱とバナナ」課題である。チンパンジーは、天井から吊り下げられたバナナに向かって跳躍するが届かない。しばらく部屋の中を歩き回った後、急に木箱の前に立ち止まると、それをバナナの下に運んで登り、バナナを手に入れた。木箱の前に立ち止まってからは中断のない滑らかな行動であり、再び同じ問題状況におくと、この解決行動を即座に自発した。このように、唐突に生じ、滑らかに遂行され、以後は容易に行われるのが洞察の特徴であり、場の全体構造の把握を意味しているとケーラーは考えた。

　バナナをより高いところに吊り下げると、木箱を2〜4個積み上げてバナナを取ることもできた（図7-16）。ただし、箱を積む行為は滑らかではなく、箱積みも不安定であることをケーラー自身が認めている。つまり、箱の移動は洞察学習でも、箱積みは試行錯誤学習である。

図7-16　箱を積んでバナナを取るチンパンジー
Köhler（1917）

　なお、箱積みを必要としない課題（木箱が1つの場合）についても、スキナー派の心理学者は、洞察という認知的な説明ではなく、生得的行動とオペラント条件づけという行動理論的説明をすべきだとしている（Epstein et al., 1984）。実際に、「箱を目標に向かって動かす」という行動、「箱に登ってバナナに触れる」という行動をあらかじめ学習していれば、ハトでもテスト場面では「洞察的」に見える行動が出現する（図7-17）。

　しかし、ゲシュタルト心理学の思想は学習研究に大きな影響を与えた。行動主義者の中にもトールマン（→ p.4）のように、場の構造という見地から、条件づけによる学習を捉えようとした者もいる（Tolman, 1932）。例えば、スキナーのオペラント条件づけは、「レバーを押す」という手段によって「餌粒」という目標が得られるとの見通し、つ

図7-17 「洞察的」に見える問題解決
Epstein（1981）
ハトはバナナ（玩具）と箱の間を「途方にくれた」ように歩き回った後、急に箱を押してバナナの下に動かし、それに上ってバナナをつついた。

まり場の構造をラットが理解した成果だとみなせる。この観点は、現在のオペラント条件づけ研究において、スキナー派（行動分析学者）以外の研究者（連合理論家）の多くが採用している。また、迷路学習中のラットが場の構造を把握した**認知地図**（cognitive map）を形成するとの仮説（Tolman, 1948）も、特定の場所を通るとき盛んに活動する海馬神経細胞群（**場所細胞** place cell）の発見によって支持されている（O'Keefe & Nadel, 1978）。

Topic　問題解決の過程

　洞察学習も試行錯誤学習も問題解決の一形態である。これまでさまざまな論者が、問題解決過程を段階的に捉えてきた。心理学者で社会活動家であった**ワラス（ウォーラス）**は、問題を把握して色々試みる「準備期」、答えあぐねていったん問題から距離を置く「孵化期」、解決法が突然ひらめく「啓示期」、解決法が正しいか確認する「検証期」の4段階説を提唱した（Wallas, 1928）。

　いっぽう数学者**ポリア**は、望ましい問題解決行為は「問題の理解」「計画の立案」「計画の実行」「振りかえり」からなるとした（Polya, 1945）。このうち「問題の理解」をさらに2分割して、「状況を把握して問題の存在を特定する（identify）」、「何が問題なのか詳しく定義する（define）」、「色々な方法の中から可能な解決策を探る（explore）」、「有効だと思われる計画を実行する（act）」、「結果を記述して結果を振り返る（look-back）」の5段階としたのが教育心理学者**ブランスフォード**らで、この5段階は各語の頭文字から **IDEAL** と名づけられた（Bransford & Stein, 1984）。

7-7　思考と概念学習

　ソーンダイクの問題箱実験（→ p.56）は動物の**知能**（**知性** intelligence）研究として始まった。知能の定義は心理学者によって異なるが、（1）環境適応能力、（2）学習能力、（3）抽象的思考能力の3つに大別できる（Thorndike et al., 1921）。抽象的思考能力とは、さまざまな概念に基づいて物事を判断することである。このように、学習と思考は「知能」という点で接点があり、前節で紹介した洞察学習は思考心理学でも重要な研究テーマである。

　思考にはさまざまな種類がある。ゲシュタルト心理学者**ウェルトハイマー**は、過去の事例をもとにそのまま考える**再生的思考**（reproductive thinking）に対し、過去経験や知識を組み合わせて新しいものを作り出す**生産的思考**（productive thinking）の重要性を強調した（Wertheimer, 1945）。生産的思考は**創造的思考**（creative thinking）ともいい、問題の構造を別の構造とみなすように視点を切り替える**中心転換**（recentering）が必要である。

　思考の種類の分類法には、この他にも色々ある（表7-2）。教科学習では、こうした思考の型に配慮しながら授業を計画して進める必要がある。

表7-2　さまざまな思考の型　辰野（2006）に基づき作成

・実際の問題にそって考える**具体的思考**（concrete thinking） ・言葉や記号を通して考える**抽象的思考**（abstract thinking）
・自分の主観・欲求・感情を交えた**主観的思考**（subjective thinking） ・誰がみても当然だと思われるように考える**客観的思考**（objective thinking）
・具体的事例から一般的法則を導き出す**帰納的思考**（inductive thinking） ・一般的法則を具体的事例に適用する**演繹的思考**（deductive thinking）
・多くの資料から論理的に筋道を立てて一定の結論を導く**集中的思考**（convergent thinking） ・限られた資料から新しい発想や色々な解決法を考える**拡散的思考**（divergent thinking）
・考えを吟味したり批判したりせずに思いついたままの**直観的思考**（intuitive thinking） ※**ヒューリスティック**（heuristic）、**速い思考**（fast thinking）ともいう ・考えを吟味して批判しながら進める**反省的思考**（reflective thinking） ※**分析的思考**（analytical thinking）、**遅い思考**（slow thinking）ともいう

　思考心理学の中で、学習心理学や言語心理学と深い関連をもつのが**概念学習**（concept learning）である。概念には様々な種類がある。まず、**カテゴリ概念**（category concept）は、複数の異なる事物を1つの名称にまとめたものである。例えば「乗り物」は「人や物を乗せて移動する道具」の総称で、飛行機や自動車、船などを含むカテゴリ概念である。カテゴリ内の事例の集合を**外延**（extension）、事例間に共通する特徴（つまり、その概念の性質）を**内包**（intension）という。しかし、実際のカテゴリ概念では、上述のような典型例（中心事例）だけでなく、サーフボードやエレベーターのように「乗り物」かどうか判定困難な周辺事例があり、カテゴリの境界はあいまいである（Rosch, 1975）。つまり各事

例は典型性の点で異なる。また、カテゴリ内の全事例に共通の特徴を見出すことも難しい。哲学者**ヴィトゲンシュタイン**は、カテゴリ概念を部分的共通性によって結びついた集合体と捉え、こうした共通性を**家族的類似性**（family resemblance）と呼んだ（Wittgenstein, 1953）。血縁家族のメンバーはどこかしら顔が似ているが、全員に共通の特徴を見出すことは難しい。同様のことがカテゴリ概念についてもあてはまるとしたのである。

次に、**関係概念**（relational concept）は、複数の事物の関係を表すもので、「同じ」「違う」という異同概念のほかに、大小関係、全体／部分関係などがある。例えば、[・と●] を比べて●を選ぶよう訓練した子どもが、[●と●] で●を選べば、絶対的な大きさではなく、相対的な大きさを手がかりに図形を選んでいるといえる。ゲシュタルト心理学者らはこうした現象を**移調**（transposition）と呼び、大小という関係概念の構造を理解している証拠だとした。

経験を通じて概念を習得する概念学習には、各事例から新しい概念を案出する**概念形成**（concept formation）と、各事例が既存概念に該当するか判断する手がかりを確定する**概念達成**（concept attainment）がある（Bruner et al., 1956）。例えば、[△][▲][◿] と [□][■][◇] を区別するように訓練した幼児が、前者は「三角」で後者は「四角」だと気づけば概念形成であり、これは外延（事例の集合）から内包（共通特徴）にいたる帰納的思考の一種である。いっぽう、区別の決め手が角の数だと気づくことが概念達成である。

Topic　移調と中間サイズ課題

ハル派の新行動主義者**スペンス**は、絶対的な刺激の学習でも移調を説明できるとした（Spence, 1937）。刺激般化を考えればよいのである（図 7 -18）。この説明は頂点移動（→ p.78）にも適用できるが、中間のサイズを選ぶという課題の学習は説明できない。しかし、ヒトはもちろん、チンパンジー（Gonzalez et al., 1954）やアカゲザル（Brown et al., 1959）も、[・と・と●] で・を選ぶよう訓練した後、[・と●と●] でテストすると●を選ぶ。これは、動物でも刺激の大小関係が概念化されることを示唆している。

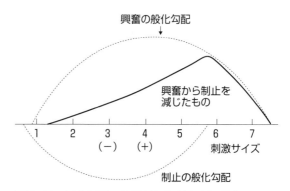

図 7 -18　般化勾配で移調現象を説明する理論
Spence（1937）を改変
サイズの異なる 2 枚のカード（3 と 4）から、カード 3 を避けて 4 を選ぶよう同時弁別訓練を行うと、カード 3 を頂点とする制止の般化勾配とカード 4 を頂点とする興奮の般化勾配が形成される。選択反応の強さは興奮から制止を減じたもので決定される。このため、カード 3 よりもカード 4 が選ばれるだけでなく、移調のテスト（例えば、カード 4 とカード 5 の選択テスト）でも大きなカードを選ぶことになる。ただし、訓練刺激から大きく離れた条件（例えば、カード 6 と 7）では移調現象は生じない。

7-8 観察学習

　他者の行動に接して、それと似た行動を示すことを**模倣**（imitation）という。模倣には生得的なものと習得的なものがある。生得的模倣は、生得的行動が他者の同じ行動を引き金として一時的に出現するもので、新生児に見られる**初期模倣**（early imitation）［例：赤ん坊の前で舌を突き出すと、赤ん坊も舌を突き出す］や、集団行動としての**社会的促進**（social facilitation）［例：1匹の動物が逃げ出すと、他の動物もつられて逃げる］、他者の行動が原因で特定の物や場所に注意がひきつけられる**刺激強調**（stimulus enhancement）［例：ネコが毛糸玉にじゃれて動かしたため、他のネコも毛糸玉にじゃれる］などがある。

　習得的模倣は**模倣学習**（imitation learning）によって獲得されたもので、古典的条件づけによるものとオペラント条件づけによるものがある。例えば、犬にかまれて泣いている友だちを見た子どもは、犬を怖がるようになるだろう。これは、犬の姿を CS、泣いている友だちを US とした古典的条件づけである。友だちの泣き声や痛がる姿によって誘発された情動反応（恐怖心）が、犬に対して条件づけられたのであろう。自分の身体に直接痛みが生じているわけではないので、こうした古典的条件づけを**代理古典的条件づけ**（vicarious classical conditioning）という。なお、情動反応を誘発する対象に他者が平気で接触しているようすを観察すれば、情動反応は弱まる。これを**代理消去**（vicarious extinction）という。

　オペラント条件づけによる模倣学習では、お手本となる他者（モデル）と同じ反応をすると強化される。例えば、絵画教室で先生と同じように絵筆を動かせばほめられたり、うまく描けたりする。そうすると、その反応だけでなく、「模倣する」という行動も強化されて、新しい反応であっても真似るようになる。これを**般化模倣**（generalized imitation）という。模倣学習は、他者の行動を観察して新しい行動を身につける**観察学習**（observational learning）の一種である。観察学習には、モデルの行動とは異なった行動をする（モデルを模倣しない）場合も含まれる。

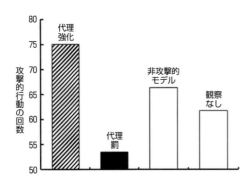

図 7-19　代理強化と代理罰
Bandura et al. (1963) より作図
玩具のたくさん置かれた部屋に1人にされた3〜5歳児が20分間に自発した攻撃的行動。部屋に入る前に、大人の乱暴者が相手に勝ち誇って玩具を独占している動画を見ていた幼児は、乱暴でない2名の大人が出演する動画を見ていた幼児や、動画を見ていなかった幼児よりも、攻撃的行動が多かった。最も攻撃的行動が少なかったのは、乱暴者が相手に反撃されてしまう動画を見ていた幼児だった。

バンデュラらの実験（図7-19）では、大人の攻撃的行動が強化されるようす（乱暴にふるまって玩具を独占）を見た幼児は、風船人形を蹴飛ばしたり、玩具を乱暴に扱ったりする攻撃的行動が多く、攻撃的行動が罰されるようす（乱暴なモデルが敗ける）を見た幼児は攻撃的行動が少なかった。このように、他者の強化や罰を観察して行動が増減することを**代理強化**（vicarious reinforcement）・**代理罰**（vicarious punishment）という。

バンデュラ

バンデュラは、モデルを観察することによって生じる心理現象を**モデリング**（modeling）と呼び、それは、（1）モデルに注目する注意過程、（2）観察した出来事を記憶する保持過程、（3）記憶内容を行動化する運動再生過程、（4）適切なときに自発する動機づけ過程の4段階からなるとした（Bandura, 1971）。行動によって生じる利益や不利益は行動すべきかどうかの判断基準となるので、直接の強化や罰だけでなく、代理強化や代理罰も動機づけ過程に関わる。このように、行動そのものよりも個人内部の認知的機能を重視した立場は**社会的学習理論**（social learning theory）として結実した（Bandura, 1977）。社会的学習理論では、行動を計画し実行する能力についての信念である**自己効力感**（self-efficacy）が重要視される。自己効力感は、直接の達成経験だけでなく、代理経験や言語的な励まし、そのときの気分の高揚によって影響を受ける。

Topic　動物の模倣学習

動物も他者の行動を模倣する。例えば、さえずりの学習（→ p.114）は音声の模倣学習である。オウムやインコのように、他種の音声や機械音まで真似る鳥もいる。

視覚的な模倣学習も多くの動物種で見られる。例えば、モデルのタコが赤色ボールに攻撃するところを見たタコは赤色ボールを攻撃し、モデルが白色ボールに攻撃するところを見たタコは白色ボールを攻撃する（Fiorito & Scotto, 1992）。

また、モデルのテッポウウオが移動する標的に水を当てるところを繰り返し観察していたテッポウウオは、初めて見た移動標的に正確に命中させることができる（図7-20）。

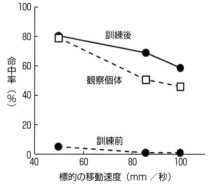

図7-20　テッポウウオの観察学習
Schuster et al.（2006）
移動する標的への水拭きつけの命中率。標的の移動速度が速いと命中させにくい。訓練前の命中率は低いが、訓練によって上達する。それを観察していた個体は訓練なしでも成績がよい。

　学習効果を高めることを目的として学習者が意図的に行う心的活動を**学習方略**（learning strategy）という（辰野, 1997）。よりよい学習を行うための知恵は、古くから**学習法**（learning method）と呼ばれてきたが、有効な方法を取捨選択し、認知心理学の視点でまとめたものが学習方略であり、表7-3はその例である。

表7-3　学習方略の種類　Weinsiten & Mayer（1986）を改変

名称	具体的方法
リハーサル方略	暗唱する、ノートにそのままメモする、下線を引く、蛍光ペンでマークする、など
精緻化方略	イメージ化する、文章化する、言い換える、要約する、質問する、類推する、ノートにまとめる、など
体制化方略	グループ分けする、順に並べる、図表を作る、概括する、階層化する、など
理解監視方略	本当に分かっているか自問する、一貫性を確認する、再読する、言い換えてみる、など
情緒的方略	不安に対処する、注意を集中する、自信をもつ、生産的な環境をつくる、時間を管理する、など

　こうした方略を教育に役立てようとの提案も数多くなされている。例えば、教科書などの文章を読んで理解する際は、まず全体をざっと概観し（survey）、何が問題かを考えて（question）から、実際に読み（read）、復唱し（recite）、憶えた内容を復習する（review）という5段階法（頭文字から**SQ3R法**といわれる）を用いるとよい（Robinson, 1961）。

　また、学習方略を体系化する試みも行われている。図7-21はその一例である。

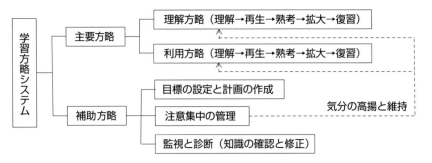

図7-21　学習方略システム
Dansereau et al.（1979）を改変
理解方略は、気分（mood）の高揚をきっかけに、理解（understanding）→再生（recall）→熟考（digest）→拡大（expand）→復習（review）の流れで進むため頭文字をとって第1次MURDERといい、利用方略も同様に第2次 MURDER という。

第**8**章

言語の諸相

　ワトソンは行動主義宣言（→ p. 4）の中で「人間と獣の間に境界線を設けない」と述べた。確かに、馴化や条件づけは、ヒトを含む多くの動物に共通する行動のしくみである。しかし、ヒトは言語をもつ唯一の動物である。第9章で紹介するように、ヒト以外の動物にも「ことば」の兆しはあるものの、言語と呼べるほど高度なコミュニケーション能力を示す動物はヒト以外にいない。そこで、本章では言語の諸側面についてみていこう。

　五感（視覚・聴覚・嗅覚・味覚・触覚）のうち、言語に用いられる感覚様相（**モダリティ**、modality）は視覚と聴覚がもっぱらである（ただし、点字のように触覚に基づく言語もある）。**視覚言語**（visual language）には、文字・記号・絵文字（ピクトグラム pictogram）などのように何かに書き記された**文字言語**（書記言語：written language）と、手話やジェスチャー、手旗信号、野球のブロックサインのように身振りでメッセージを伝える**身体言語**（body language）がある。**聴覚言語**（auditory language）は、主として発話による**音声言語**（spoken language）だが、警笛やチャイムなどのような信号や楽器演奏も聴覚的コミュニケーションであり、アフリカの太鼓言葉（drum language）のようにリズムや音調で複雑なメッセージを伝えるものは言語と呼べるだろう。

　さて、図8-1はヒトの言語能力を情報処理心理学の立場でまとめたものである。言語処理過程として音韻規則・心的辞書・統語規則・意味規則があげられており、これらは言語学の主要4領域である音韻論・語彙論・統語論・意味論に対応する。

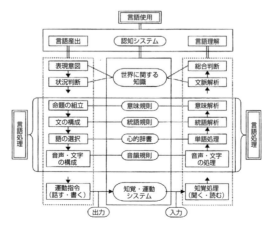

図8-1　言語使用のモデル
（坂本, 2000）

8-1　発声と伝播（調音音声学・音響音声学）

　音声言語の研究には、その物理的特性を扱う**音声学**（phonetics）と、心理的特性を扱う**音韻論**（phonology）がある。音声学はさらに、発声を扱う**調音音声学**（articulatory phonetics）、伝播を扱う**音響音声学**（acoustic phonetics）、聴取を扱う**聴覚音声学**（auditory phonetics）の三部門に分かれる（表8-1）。本節では、発声と伝播について解説する。

表8-1　音声学の3分野

部門	研究テーマ
調音音声学	音声器官が言語音をどのように作り出すか
音響音声学	音声が作り出す空気振動（音波）はどのようなものか
聴覚音声学	音声はどのように知覚され処理されるか

　ヒトの肺から気管に送り出された空気（呼気）は、喉頭部にある声帯を振動させる。この振動周期は**基本周波数**（fundamental frequency, F０）と呼ばれる物理量であり、それが知覚されたもの、つまり心理量を**ピッチ**（pitch）という。声帯が短いと基本周波数は高くなるため、成人男性（100〜120Hz程度）に比べて成人女性（200〜240Hz程度）や子ども（3歳児で約300Hz）の声は高い。また、女性の声は加齢にしたがい徐々に低くなる（西尾・新美, 2005）。基本周波数は文化や習慣によっても異なる。例えば、日本人女性は「女性らしさ」を反映する高い声で話しがちである（今井田, 2006）。

　喉頭部を通り過ぎた呼気は口や鼻の空間（口腔、鼻腔）で調音（医学用語では**構音**：articulation）されて音声となる。四足歩行する哺乳類では喉頭と軟口蓋が接していて、鼻で呼吸する。このため、呼気の多くは咽頭から鼻腔に抜けてしまい、口腔で調音することが難しい。チンパンジーなどの類人猿でもそうであるが、直立二足歩行するようになったヒトでは、喉頭が下に移動して軟口蓋と離れたため、呼気を口腔で複雑な音に変容できる（図8-2）。なお、舌・歯・唇の動きで呼気を妨げずに発声するのが**母音**（vowel）、瞬間的に妨げて発声するのが**子音**（consonant）である。母音間の違いは舌の位置と唇の形によ

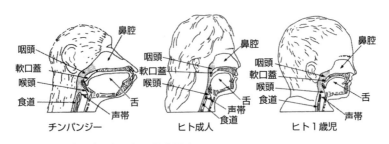

図8-2　チンパンジーとヒトの発声器官
灰色部分が咽頭　ヒトも1歳児では軟口蓋と喉頭の距離が近く、調音がうまくできない。

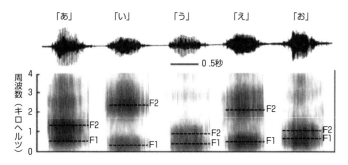

図8-3　日本語の母音の音声波形（上）とソナグラム（下）
Okada et al.（2015）を改変

り、子音の違いは舌・歯・唇の位置と動きによる。すべての母音と子音の多くは声帯の振動を伴って発音される**有声音**（voiced sound）だが、/k/、/p/、/s/、/t/ などの子音は**無声音**（voiceless sound）である。

　音声の周波数は**音声波形**（speech waveform）として示すことができる（図8-3上）。音声波形の情報を時間・周波数・強度の三次元で視覚化する装置を**ソナグラフ**（sonagraph）、その出力結果は**サウンド・スペクトログラム**（sound spectrogram）、別名**ソナグラム**（sonagram）という。ソナグラムは時間を横軸に、周波数を縦軸にとり、各周波数成分の強度を濃淡で表す（図8-3下）。濃い帯は音声を特徴づける周波数成分を示しており、これを**フォルマント**（formant）という。周波数の低いほうから第1、第2、第3と番号をつけて呼ぶ。母音の区別では第1フォルマント（F1）と第2フォルマント（F2）が重要である（図8-4）。ソナグラムには個人差があり、人物特定にも用いられるため**声紋**（voice print）ともいう。

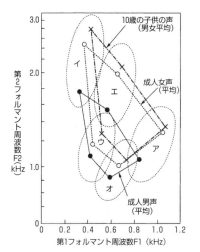

図8-4　日本語の母音のフォルマント
山田ら（1998）
性差だけでなく年齢差や個人差もある。

8-2　ことばの聴き取り（聴覚音声学）

　音の感覚器である耳の構造を見てみよう（図8-5）。耳介で集められた音は外耳道を通って鼓膜を震わせる。鼓膜に続く耳小骨（槌骨・砧骨・鐙骨）は、てこの原理で、鼓膜の振動を増幅して内耳に伝える。内耳は聴覚器である蝸牛と平衡感覚器である前庭や三半規管からなる。耳小骨の振動は蝸牛内部のリンパ液を揺らし、その揺れを蝸牛内部にあるコルチ器の有毛細胞で捉えて電気信号に変える。音が低いほどリンパ液の揺れが遠くまで達するため、蝸牛先端（渦巻きの中心部）に近いほど低い音として処理されることになる。コルチ器で感知した刺激は、蝸牛神経、脳幹、中脳下丘、内側膝状体を経て、大脳の聴覚野に達する。ここで初めて、「音が聞こえた」と認識され、音の性質を判断する。

　音声の知覚は、感知した音の性質（高さや強さなど）だけでなく、聞き手の知識や状況によって異なる。「会社帰りに消毒液を買ってきて」と妻に言われた甘いもの好きの夫は、ショートケーキを手に帰宅するかもしれない。

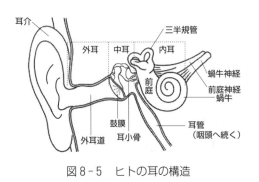

図8-5　ヒトの耳の構造

　音声の知覚は聴覚以外の感覚経路の影響も受ける。例えば、「バ」という音声を「ガ」と発音している口元の動画と一緒に見せると、「ダ」と聞こえる。このような聴覚的錯覚を発見者の名から**マガーク効果**（McGurk effect）という。

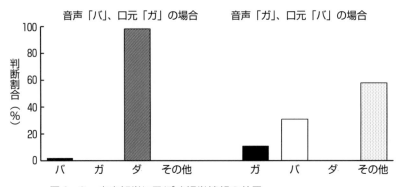

図8-6　音声知覚に及ぼす視覚情報の効果
McGurk & McDonald（1976）より作図

8-3　ことばの構造1（音韻論・形態論）

　Aさんの発する「あ」と、Bさんの発する「あ」の音声周波数は異なるが、同じ「あ」だと判断できる。Aさんの普段の「あ」と鼻声の「あ」も同じ「あ」である。いっぽう、「あ」と「お」は物理的によく似ているが異なる音声である。このように、音声の知覚はカテゴリ概念（→ p.96）としての**音素**（phoneme）に基づいて行われる。このカテゴリは言語によって異なる。音素をスラッシュで囲って表記すると、例えば、英語の /a/、/ɑ/、/ʌ/、/æ/ はすべて異なる音だが、日本語では同じ /a/ である。音素は言葉の違いを生み出す最小単位にもなる。例えば、英語では、/ʌ/ と /æ/ は別音素なので、逆接の「しかし」を意味する［bʌt（but）］と野球の「バット」を意味する［bæt（bat）］を容易に区別できる。日本語でも /a/ と /o/ は別音素なので、「あか（赤）」と「おか（丘）」は容易に区別できる。音素は母音と子音からなる。音素に関する学問を**音素論**（phonemics）という。

　音素のまとまりが**音節**（**シラブル**, syllable）で、連続する音声の区切りとして知覚される。通常、1個の母音の前後に0個以上の子音が連結する形で1音節となる。いっぽう、発音時のリズム上の単位を**拍**（**モーラ**, mola）という。「おかあさん」は1文字ずつ区切って発音すれば5拍であるが、母音中心にまとめると「o」「ka」「san」の3音節である。音素に加えて、音節や拍、強弱（**ストレス**, stress）や高低（**ピッチ**, pitch）のアクセント、抑揚（**イントネーション**, intonation）、などの特徴を明らかにする学問が**音韻論**である。

　音声言語における音素にあたるものを、文字言語では**文字素**（**書記素**, grapheme）という。漢字やハングルなどでは文字素が文字を構成する。英語のアルファベットは文字素に分割できないが、ドイツ語のウムラウト記号（ä）のような**発音区別符号**（diacritical mark）をアルファベットに添えて1文字とする場合は、符号とアルファベットが文字素である。日本語仮名の濁点、半濁点もそうである。

　音声言語では音節が単語を形作り、文字言語では文字が単語を形作る。こうした構造において、意味をもつ最小単位の言語要素を**形態素**（morpheme）という。例えば、「元ヤンキーっぽい」という単語は、接頭辞「元」、語幹「ヤンキー」、接尾辞「っぽい」という3つの形態素から成り立っている。**接頭辞**（prefix）と**接尾辞**（suffix）をまとめて**接辞**（affix）という。なお、接辞には言葉の意味や品詞を変える派生接辞と、動詞の活用語尾のような屈折接辞がある（表8-2）。形態素とその構成規則について扱う学問を**形態論**（morphology）という。

表8-2　日本語の接辞の例

	接頭辞	接尾辞
派生接辞	真っ青　超人類　お酒	日本人　大阪弁　世界的な
屈折接辞	日本語では存在しない	払った　食べろ　話せば

8-4　ことばの構造2（統語論）

　音声言語でも文字言語でも、単語が文を構成する。文中における単語の配列規則（文法）とその機能を明らかにする学問が**統語論**（syntax）である。アメリカの言語学者**チョムスキー**は、ヒトの脳には**言語獲得装置**（language acquisition device, LAD）が生得的に備わっており、それによって語彙と文法を習得できると考えた。

　例えば、「The boys open a box in the park」という英語文には、図8-7のような単語とその組み合わせである句の階層構造がみられる。こうした文法はその言語の話者の間では共通であるので、**句構造規則**（phrase structure rule）という。句構造規則の詳細は言語によって異なるが、文が句構造として記述できるのは英語以外の言語でも同様である。例えば、「その少年たちは公園で箱を開ける」という日本語文も、動詞の位置以外は同じ階層構造として捉えることができる。つまり、どんな言語にも共通する**普遍文法**（universal grammar）が存在し、ヒトは何語でも話せる能力を生まれながらに有しているとチョムスキーは考えた。

　また、句構造を少し変形することで、過去形や受動態などを容易に生成できる。チョムスキーはこうした変形規則も普遍的で生得的であるとし、図8-8のような言語生成の心理メカニズムを想定した。これを**生成文法**（generative grammar）あるいは**変形生成文法**（transformational generative grammar）という。　ヒトが作る文には基本的な構造があり、必要に応じてそれを変形させ、無限の文を生み出すというチョムスキーの考えは、標準理論（1957年）、拡大標準理論（1965年）、修正拡大標準理論（1973年）としてまとめられている。さらに、言語による句構造規則の違いを説明するため、すべての言語に共通な部分と、言語によって異なる可変的な部分があるとする統率・束縛理論（1981年）を考案した。しかし、複雑になりすぎたため、単純な句構造で説明するミニマリスト・プログラム（1995年）を提唱するにいたった。ただし、説明できない事例が多く残された。

　チョムスキーは、句構造規則や変形規則などの生得的で普遍的な文法知識を**言語能力**

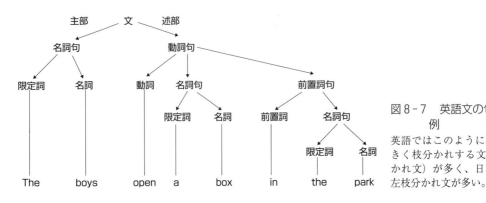

図8-7　英語文の句構造の例

英語ではこのように右側に大きく枝分かれする文（右枝分かれ文）が多く、日本語では左枝分かれ文が多い。

（language competence）と呼び、文理解のように現実の時間軸に沿って言語を実際に扱う**言語運用**（language performance）と区別した。言語運用は、言語能力だけでなく、記憶や注意など非言語的要因によっても影響されるからである。しかし、非言語的要因が同じであれば、言語能力は言語運用に直接反映される（Miller, 1962）。例えば、能動態から受動態への変形に要する心

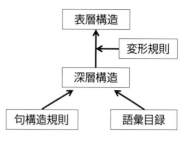

図 8-8　生成文法理論の骨子

理的処理時間は、変形規則の種類と数によって決まると仮定される。実際に、所要時間は初期の生成文法理論の予測と合致したものの、その後に改訂された理論とは乖離（かいり）していた（Garrett & Fodor, 1968）。

　チョムスキーの理論には批判も少なくない。例えば、普遍文法をうたいながら、分析対象の多くが英語などの印欧（いんおう）語が中心である。また、句構造規則や変形規則を明らかにするために用いる手法は、正しい文かそうでない非文かの主観的判断である。非文を使わない理想的な言語使用者を仮定する点にも批判がある。一般人の書いた文章や日常会話には非文も多いからである。特に音声言語では、文脈や話し手と聞き手の関係があって初めて分かる文も多い。

　また、言語は他の認知能力から独立した特殊領域だとするチョムスキーに対し、アメリカの言語学者**レイコフ**（G. P. Lakoff）らは、汎（はん）用的な認知能力の反映として言語を捉えるべきだとする**認知言語学**（cognitive linguistics）を提唱している。

Topic　曖昧文とガーデンパス文

　「黒い目のきれいな女の子」という文は、「黒目がきれいな少女」「黒い目をした美少女」「目がきれいで黒肌の少女」「黒目がきれいな女性が親である子ども」「黒い目をした美女が親である子ども」など十数通りに解釈できる。こうした**曖昧文**（ambiguous sentence）は、複数の句構造を取り得るために解釈の多義性をもつのである。

　いっぽう、語順通りに理解すると生じる解釈が、後に出現する語によって誤りであることに気づく文を**ガーデンパス文**（garden-path sentence）という。花を眺めながら歩いていると庭の小径（こみち）に迷い込むように、誤った解釈に一時的に導かれる文のことである。例えば、「健太は友美に告白した和也を許せなかった」という文は、「和也」という語が出現するまで、友美に告白したのが健太であるように読める。ガーデンパス文では文の再解釈が必要となるため、認知処理に余計な負荷がかかる。さまざまなガーデンパス文の処理負荷（例えば、文を読み理解する時間）を測定することで、文理解の心理的メカニズムを実験的に明らかにできる。

8-5 ことばとその意味（語彙論・意味論）

　特定の範囲内で使用される単語の総体を**語彙**（vocabulary）という。「大石泉さんの語彙」「小説『点と線』の語彙」「若者の語彙」のように、人・文芸作品・集団などが語彙を規定する範囲となる。言語使用の面からは、見聞きして理解できる**理解語彙**（receptive vocabulary）と、自分で書き話すことのできる**表出語彙**（expressive vocabulary）に分類できる。語彙に関する学問を**語彙論**（lexicology）という。試行錯誤学習（→ p.56）の研究後、教育心理学者として多くの業績を残した**ソーンダイク**は教育用単語帳の編纂も行っている（Thorndike, 1921）。児童書・新聞・古典・教科書などから大規模な言語データベース（**コーパス**（corpus））を作り、出現頻度の高い英単語１万語を抽出して、アルファベット順に並べた語彙表を出版したのである。

　言語表現の意味を研究する言語学領域を**意味論**（semantics）という。単語だけでなく、句や文も意味論の研究対象となる。ただし、意味論は言語表現とその指示物の純粋な関係を扱う学問であるため（Carnap, 1942）、話し手の意図が混入しやすい句や文については、むしろ語用論（→次節）で扱われる。

　イギリスの哲学者**オグデン**は批評家**リチャーズ**との共著『意味の意味』で、言語が意味をもつのは、象徴（symbol）である言葉と指示物（referent）である事物をつなぐ指示（reference）の働き、すなわち思想があるからだと説いた。これを図示したのが**意味の三角形**（triangle of meaning）である（図8-9）。この３項関係は、パースの記号論における、記号媒体・指示対象・解釈項に対応する（→ p.8）。

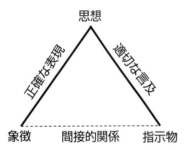

図8-9　意味の三角形
Ogden & Richards（1923）を改変

図8-10　ブーバとキキ
Ramachandran & Hubbard（2001）を改変

　「りんご」という文字や音声と、実物のリンゴは類似していない。このように、言葉と事物の関係は恣意的であることがほとんどである。ただし、象形文字やそれに由来する文字では言葉が事物の姿形を反映している（例：漢字の「日」「月」「山」など）。音声言語でも、物事の状態や運動などを音で表した**オノマトペ**（onomatopoeia）については、例えば「ざあざあ」という雨のように、言葉と事物に関連があり、恣意的な関係ではない。

　オノマトペは擬音語と訳されることもあるが、音を発しない事物を音で表現した擬態語を含めた総称である。擬態語の場合は言葉と事物に音韻的類似性はないが、擬態語と事物の関係は完全に恣意的だとは限らない。例えば、図8-10の２図形を見たほとんどの人

表8-3　日本語のオノマトペの分類（金田一, 1978）

広義	狭義	機能	具体例
擬音語	擬音語	自然界の音や物音を表す	ざあざあ、がちゃん、ごろごろ
	擬声語	ヒトや動物の声を表す	わんわん、ぺちゃくちゃ、げらげら
擬態語	擬態語	無生物の状態を表す	きらきら、どんより、ぐちゃぐちゃ
	擬容語	生物の状態を表す	ぐんぐん、ふらり、のろのろ
	擬情語	ヒトの心理状態や感覚を表す	いらいら、うっとり、わくわく

は、「ブーバ」が左で、「キキ」が右だと答える。音から連想する印象（**音象徴**, sound symbolism）を人々が共有しているのである。なお、日本語には擬音語や擬態語が多いため、表8-3のように5つに細分することもある。

　認知心理学では単語とその意味がセットとなって脳の中に格納されていると考える。これを**心的辞書**（mental lexicon）という。心的辞書は意味記憶（→ p.92）の一種であり、そのしくみについて多くの理論が提出されている。図8-11は単語（カテゴリ概念）と意味（属性）を、単語をノード（結節点 node）とするリンク構造で表した**階層ネットワークモデル**（hierarchical network model）である。カテゴリ概念（→ p.96）の特徴のうち、「カナリア⊂鳥⊂動物」のような**階層性**（hierarchy）は表現されているが、「カナリアはダチョウよりも鳥らしい」という**典型性**（typicality）は無視されている。また、リンク間の距離が短いほうが記憶検索が容易だとしているが、距離が遠くても経験によって検索速度が増すことが表現できていない。こうした問題を解決するため、単語ノードを網の目状につなぎノード間の相互活性化を想定した**活性化拡散モデル**（activation spreading model）が提唱された（Collins & Loftus, 1975）。単語の認知は直前に関連語を見ておくと迅速に行われる（Meyer et al., 1972）という**意味的プライミング**（semantic priming）現象も、活性化拡散モデルはうまく説明できる。しかし、活性化拡散モデルでは概念の階層性が軽視されている。このように心的辞書の理論には一長一短がある。

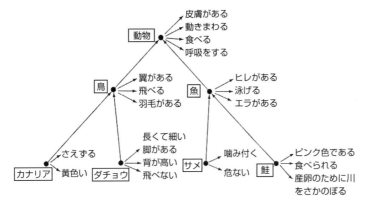

図8-11　階層ネットワークモデル

Collins & Quillian（1969）
枠内の名詞は概念、文は属性を示す。

8-6　ことばの使われ方（語用論）

　ことばが実際、どのように使用され解釈されるかを究明する学問を**語用論**（pragmatics）という。ことばを正しく理解するには、文法構造や単語の意味の知識だけでは不十分で、話し手の意図・想定・目的といった心理的要因や、伝統や慣習などの文化・社会的要因も聞き手は把握していなければならない。例えば、仕事相手から別れ際に「こんど飲みに行きましょう、では。」とあいさつされて、「いつですか？」と答える会社員は、社交辞令という慣習を把握できていない。

　イギリスの哲学者**オースティン**は、発話にかかわる行為（**発話行為**, speech act）を3種類あげている（Austin, 1962）。まず、「暑いね」のような発話そのもので、これを**発語行為**（locutionary act）という。しかし、部屋の温度を下げてほしいというのが話し手の意図ならば、そうした依頼は**発語内行為**（illocutionary act）である。発語内行為の働き（**発語内効力**, illocutionary force）には、依頼のほかにも提案・勧誘・警告・命令・質問などがある。最後に、発話の結果として生じる行動が**発語媒介行為**（perlocutionary act）である。この例では、話し手がエアコンをつけたり、「あいにくエアコンが故障でね」と答えるといった行動である。

　いっぽう、アメリカの哲学者**サール**は「早く寝なさい」のように意図をそのまま伝える**直接発話行為**（direct speech act）と、「もう11時だぞ」のように婉曲的に意図を伝える**間接発話行為**（indirect speech act）に分類し、日常会話では、その状況に適切かどうかが、論理的に正しいかどうかよりも重視されるとした（Searle, 1969）。

　日常会話には4つの格率（行為規則）からなる**協調原理**（cooperative principle）があるとして、語用論を展開したのがイギリスの言語学者**グライス**である（Grice, 1989：表8-4）。このうち関連性の格率は、フランスの言語学者**スペルベル**とイギリスの言語学者**ウィルソン**により詳細に考察され、**関連性理論**（relevance theory）として体系化された（Sperber & Wilson, 1995）。聞き手は重要で（認知効果が大きく）、面倒でない（認知処理のコストが小さい）会話を好む（認知原理）。また、聞き手は、話し手がそうした会話を心がけているという前提で話を聞く（伝達原理）。関連性理論では、話し手の意図についての聞き手の推論という視点で会話を捉える。認知原理や伝達原理に支障があると、適切な推論ができず、話はかみ合わない。なお、会話は交互に話すという**話者交替**（turn taking）の理解も重要である。

　表8-4　協調原理の4つの格率（会話の公準）

量の格率	必要なことを過不足なく話せ（少な過ぎも多過ぎもだめ）。
質の格率	誠実に話せ（嘘や根拠のないことを言うな）。
関連性の格率	関係のあることだけ話せ（無関係のことを言うな）。
様式の格率	簡潔で論理的に話せ（不明確・曖昧なことを言うな）。

語用論の研究では、文例をあげて、ことばの使われ方を考察する。文例は研究者が作文することもあれば、日常会話から収集することもある。実際に話された会話や書かれた文章のやり取りを対象とする研究を**談話分析**（discourse analysis）という。談話分析は**談話（ディスコース）**の構成要素や展開のしくみを解明しようとするもので、コミュニケーションの研究法として、心理学・社会学・文化人類学などで使われる。言語学では語用論的研究でしばしば採用される。例えば、

　　　子：今年の夏休みはどこへ旅行するの？
　　　母：お父さんが入院するからねぇ。

というやりとりは、論理的にかみあっていないが、ありふれた会話である。子は旅行先をたずねているが、そこには「夏に家族旅行したい」という願望も含まれている。母も「だから家族旅行はなし」と言外に述べている。つまり、子の発話も母の発話も、間接発話行為として会話が成立していると分析できる。なお、この例では、子も母も1回ずつの発話だが、談話分析ではより長い会話を対象とすることが多い。

Topic　情報のなわ張り理論

　心理学を学んだ後に言語学者となった神尾は、動物行動学の「なわ張り」の概念を語用論に持ち込むという試みを行った（神尾, 1990）。例えば、「僕の妻は梨が好きだ」や「君の妻は梨が好きらしいね」という文は自然だが、「僕の妻は梨が好きらしいね」「君の妻は梨が好きだ」はやや奇妙である。これは、ふつう、妻に関する情報はその配偶者のなわ張り内にあるからである。

　話し手は、話題が自分のなわ張りの内か外かだけでなく、聞き手のなわ張りの内か外かについても無意識に判断して発話する（表8-5）。その情報に関する遠近感がなわ張りを決める。日本語では、「ね」のような終助詞や、「〜らしい」「〜そうだ」のような伝聞表現に、なわ張りが反映されることが多い。

　情報のなわ張りは、聞き手によって変わる。野球場で友人に「ここで投手交代だな」と自信ありげにいうファンも、野球評論家の前だと「ここで投手交代ですよね」と謙虚になるだろう。このときは相手のなわ張りだからである。

表8-5　情報のなわ張り理論（下線部の表現の違いに注目）

		話し手のなわ張り	
		内	外
聞き手のなわ張り	内	今日は暑い<u>よなぁ</u>。 あの先輩、ちょっと怖い<u>ね</u>。	君の田舎は暑い<u>そうだね</u>。 お前の妹、怖い<u>らしいな</u>。
	外	僕の田舎は盆地で暑い<u>ぞ</u>。 うちの母はすごく怖い<u>んだ</u>。	パリも今夏は暑い<u>らしい</u>。 今度来る先生、怖い<u>ようだよ</u>。

コラム　サピア＝ウォーフ仮説

　文化人類学者**サピア**によれば、言語は経験した出来事を指し示す道具であるだけでなく、経験の認識そのものを規定する（Sapir, 1931）。その弟子**ウォーフ**もこの主張を踏襲して、異なる言語を用いる人は異なった世界観をもつとした（Whorf, 1941b）。これを**サピア＝ウォーフ仮説**（Sapir-Whorf hypothesis）という。言語が世界観（知覚や思考といった認知あるいは認識の体系）を形作り、言語の違いによって世界観が変わるという主張は、世界観が言語と相対的関係（依存関係）にあるという考え方であるため**言語相対論**（language relativism）とも呼ばれる。

　例えば、アメリカ・インディアンのホピ語では、稲妻・波・炎・流星・鼓動のようにごく短時間しか存在しないものは動詞としてのみ扱われ、これらを示す名詞はないという。空を飛ぶものは鳥以外みな同じ単語 MASA'-YTAKA であり、トンボも飛行機も飛行士も区別しないが、海・滝・湖・噴水などにある水は PĀHE、コップ・ボトル・洗面器などにためられている水は KĒYI と区別する（Whorf, 1940）。世界の切り取り方、つまりカテゴリ概念（→ p.96）が日本語や英語とは異なるのである（なお、日本語と英語の間でもカテゴリ概念が異なることは「お湯」と「水」がいずれも「water」であるなどの例からわかる）。さらに、アメリカ・インディアンのヌートカ語の文法は英語の句構造規則（→ p.106）とは大きく違う（Whorf, 1941a: 図 8 -12）。

　言語が世界観を決めるという「強いサピア＝ウォーフ仮説」は、大きく異なる言語を母語とする人々もほぼ同じ世界観をもつことから、現在では否定されている。しかし、言語が認識に多少は影響するという「弱いサピア＝ウォーフ仮説」は受け入れられている。言語が記憶に影響するという実験（→ p.92）もこれを支持する。言語は知覚にも影響する。例えば、色合いのわずかに違う 3 枚の青緑色のカードから最も異なるものを選ぶ課題で、英語話者は、青と緑を 1 語で表すタラフマラ語話者よりも、判断の歪みが大きいという（Kay & Kempton, 1984）。

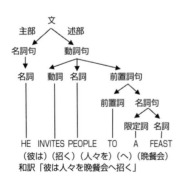

HE INVITES PEOPLE TO A FEAST
（彼は）（招く）（人々を）（へ）（晩餐会）
和訳「彼は人々を晩餐会へ招く」

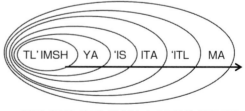

（煮る）（過去）（食す）（動作主）（〜しに行く）（彼はする）
和訳「煮た物（→料理）を食す者（→晩餐客）が出かけるよう（→晩餐会出席）に彼はする（→晩餐会出席招待）」
※句構造を持たず、単語の意味がそれに続く単語によって化学変化を起こすように変容していく

図 8 -12　同じ内容を表した英語の文とヌートカ語の文

第 **9** 章

言語の獲得

　ヒトはどのようにして言葉を獲得したのだろうか？　歴史言語学者**ミュラー**（Müller, 1861）は言語の起源として、（１）獣や鳥の鳴き声の模倣とするワンワン説（bow-wow theory）、（２）感情的な発声や叫び声とするプープー説（pooh-pooh theory）、（３）自然の共鳴振動の模倣とするドンドン説（ding-dong theory）、（４）共同作業を行う際の掛け声とするエイヤコーラ説（yo-he-ho theory）をあげた。しかし、言語の起源に関する議論は根拠のない盲説に堕しがちだとして、パリ言語学会が1866年、ロンドン哲学会が1871年に、学会内での論議を禁じて以降、約１世紀近く、この問題について十分な学術的検討はなされなかった（Ferretti & Adornetti, 2014）。

　1950年代になると、言語の起源に関する論考が見られるようになった。**チョムスキー**は、ヒトだけが言語獲得装置をもつのだから、その進化を論じることは無意味だとした（Chomsky, 1988）。しかし、認知言語学者によれば、言語は汎用的な認知能力の組み合わせによって可能になる。このため、言語に関係する認知能力が**自然選択**（natural selection）によってどのように進化してきたかを問うことは、言語能力の解明に不可欠である。言語の進化的起源として、霊長類で見られるコミュニケーションのための毛づくろい（Dunbar, 1997）や身振り（ジェスチャー、Corballis, 1999）、指さしと模倣（Tomasello, 2008）などが提唱されている。言語の系統発生的起源は他の動物種の「ことば」と比較することでも探究できる。

　言語獲得は、進化（**系統発生**）だけでなく、発達（**個体発生**）の面からも探究されている。幼児の言葉は独り言である**自己中心語**（egocentric speech）からコミュニケーション機能をもつ**社会語**（social speech）に発達するという**ピアジェ説**（Piaget, 1923）は、コミュニケーション機能をもつ**外言**（outer speech）から思考の道具である**内言**（inner speech）に進むのであり、自己中心語は難題に直面して内言が外に漏れたものだとする**ヴィゴツキー説**（Vogotsky, 1962）により覆された。

　言語獲得は行動主義心理学者らによっても考察されてきた。ヴィゴツキーの考えは、思考を非顕現的言語習慣だとする**ワトソン**の主張（→ p. 4）と軌を一にする。行動主義心理学者らの言語研究は意味論や語用論に関するものが中心で、統語論に関するものはあまりない。言語がオペラント条件づけによって獲得されるなら、いちども強化されたことのないまったく新しい文を、ヒトが自由に産出できるのはなぜか。チョムスキーによる**スキナー**批判（Chomsky, 1959）の主眼はここにあった。しかし、スキナー派の言語研究から生まれた**関係フレーム理論**は、この問題に対する行動主義心理学からの１つの回答を提供している。

9-1　動物の「ことば」1　（生得的コミュニケーション行動）

　ヒト以外の動物も他者と音声や身振りで「会話」し、情報伝達（コミュニケーション）を行う。これを動物の「ことば」と表現することもできる。

（1）生得的行動としての「ことば」

　犬は飼い主が帰宅すると尾を振って喜びを示す。いっぽう、食べている餌を取り上げられると、歯をむき出してうなる。このように、ヒト以外の動物も身体全体や顔面で感情を表現するが、これは刺激に対する無条件反射や本能的行動である。つまり、動物の表情は刺激によって喚起された情動状態の反映（自然表情）であって、愛想笑いや嘘泣きのような作為的なもの（意図的表情）ではない。また、巣に戻ったミツバチは、花蜜のありか（距離と方角）を**尻振りダンス**（waggle dance）の速度と方向で仲間に伝える（図9-1、9-2）。花蜜の量もダンスの激しさで知らせる。こうした動物の「ことば」は、その動物種に特有な本能的行動であり、特定の経験を経て獲得したものではないため個体差も小さい。

（2）生得的な「ことば」への学習の関与

　動物の音声コミュニケーションは、求愛音声、警戒音声、触れ合い音声、救難音声などに分類される。このうち求愛音声はいわゆる「ラブソング」である。カナリアやウグイス、セミやコオロギ、カエルなどの求愛音声はよく知られている。ほかに、ワニ、シカ、コアラ、ザトウクジラなどもラブソングを歌う。求愛音声には地域差がある。例えば、ヒヨドリは京都御苑では「ビーユ ピー」、岐阜県金華山では「ピエロン キョッキョ」、奄美大島では「プシー プシー」とさえずる（川村, 1974）。こうした「方言」は経験の違い、つまり学習によって生じるため、ヒヨドリの求愛音声は生得的行動と習得的行動の混合だといえる。

　若鳥は、早口で未完成の歌を小さな声でさえずる。これには多彩なシラブル（句）が含まれるが、徐々にシラブルの種類数が少なくなり、成鳥になる頃には構造化されて最終的な求愛音声が完成する（Marler & Peters, 1982）。この過程を**結晶化**（crystallization）といい、それ以降、ほとんどの種で求愛音声は大きく変化しない。つまり、さえずりの学習には臨界期が存在する。なお、ヒトの言語獲得にも臨界期があるとの説（Lenneberg, 1967）は賛否両論があり、いまだ仮説に留まる。

　求愛音声の結晶化は学習の産物であり、それには手本となる成鳥の歌が必要である。カナリア・ウグイス・ヒバリなどでは、さえずり始めてからも成鳥の歌を聞く機会があり、自分のさえずりをそれに似せるよう練習する。いっぽう、ヌマウタスズメなどの鳥では、手本を聞いて記憶する時期と、実際にさえずり始めるまでに数か月のずれがある。このため、記憶された歌と自分のさえずりを比較しながら練習して上達する。

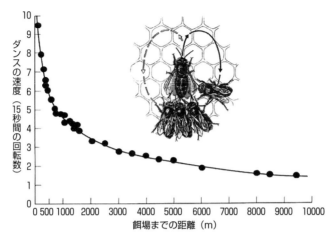

図9-1　ミツバチの尻振りダンスの速度と餌場までの距離
von Frisch（1971）を改変
右上のイラストは、花蜜を集めて帰巣した1匹の後を4匹が追いなが
ら、速度情報を受け取っているようすを示す。

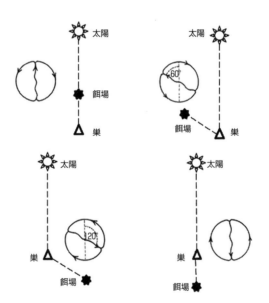

図9-2　ミツバチの尻振りダンスの直進方向と餌場の方角
von Frisch（1971）を改変
餌場を発見して巣に戻ったミツバチは、太陽との位置関係（水平の方
角）を重力との関係（垂直方向）に変換して、8の字を描くように尻
振りダンスを行う。なお、巣のすぐ近くで花が咲いた場合（方角を伝
える必要がない場合）は、8の字ではなく単純に円を描くようにぐる
ぐる回る。

9-2　動物のことば2（言語訓練）

　アメリカの心理学者たちは、動物にことばを教える試みを行ってきた。**ケロッグ夫妻**は妻と息子（生後10か月）とともに暮らす自宅で、グアという名のチンパンジー（生後7か月半）を9か月間育てた。グアは夫妻からの話し言葉による指示に従うことはできたが、ヒトの言葉を自発することはなかった（Kellogg & Kellogg, 1933）。いっぽう、**ヘイズ夫妻**は、ヴィキィという名のチンパンジーを自宅で育て、積極的に言語訓練をしたところ、「papa」「mama」「cup」の3語（あるいは「up」を含む4語）を発音できるようになったと報告した（Hayes, 1951）。チンパンジーは咽頭が狭く、ヒトのように容易に構音できない（→ p.102）。では、手話（身振言語）ならどうだろうか？

　ガードナー夫妻は、ワショーという名のチンパンジーを自宅で育て、アメリカ手話を訓練した（Gardner & Gardner, 1969）。ワショーの使用単語（名詞だけでなく、動詞や形容詞なども含まれる）は最終的には100語を超え、ワショー以外のチンパンジーの手話訓練にも成功した（Gardner et al., 1989）。この成功に影響され、ゴリラ（Patterson, 1978）やオランウータン（Miles, 1980）でも手話訓練が行われ、一定の成果が得られている。

　いっぽう、スキナー派の心理学者**テラス**は、言語をヒトに特有の能力だとする**チョムスキー**の生成文法理論（→ p.106）をくつがえそうと、ニムという名のチンパンジーに手話の訓練を行った（Terrace et al., 1979）。ニムも100を超える単語を正しく使用できたが、単語を組み合わせて文を作ることは難しかった。健常児の会話では、発達につれて、文を構成する単語の数が多くなっていく。聴覚障害児の手話でもそうである。1文あたりの平均単語数を**平均発話長**（mean length of utterance, **MLU**）といい、ヒトの言語発達の指標とされる（Brown, 1973）。ニムの手話文のMLUは1.5語程度にとどまった（図9-3）。

　しかし、チンパンジーの言語能力は必ずしも低いとはいえない。サラ（セアラ）という名のチンパンジーを自宅で育てた**プレマック夫妻**は、色とりどりのプラスチックの小片（彩片）を訓練に採用し、物の名前だけでなく、物の色や「同じ」「違う」という関係概念（→ p.97）を意味する言葉も教えた（Premack, 1970）。サラは彩片を使って文を綴り、条件文まで理解した（図9-4）。

　ランバウは、コンピュータに接続した小さなキーパネルに描かれた絵文字を単語としてチンパンジーに訓練した。例えば、バナナが欲しいときに「please」「machine」「give」「piece of」「banana」「.」（最後のピリオドは文の終了）と綴ることができるようになった（Rumbaugh et al., 1973）。また2頭のチンパンジーが絵文字を用いて自由に会話することも報告されている（Savage-Rumbaugh et al., 1978）。日本でも、京都大学霊長類研究所で独自の絵文字をチンパンジーに教える試みが1978年から始まり、言語だけでなくさまざまな認知能力の解明が進められてきた（Matsuzawa, 2003）。

イルカやアシカは身体の構造上、手話を使えないが、理解はできる。**ハーマン**はバンドウイルカを対象に、ハンドサインを用いた単語と文の理解訓練を行った。例えば、「right」「basket」「ball」「fetch」（右のカゴをボールのほうへ移動）という4語文を理解し、単語の新しい組み合わせにも正しく反応した（Herman et al., 1984）。また、文法的に正しい文とそうでない文（語順が違っている文など）の区別もできた（Herman et al., 1993）。同様の研究をアシカで行ったのが**シュスターマン**である。ア

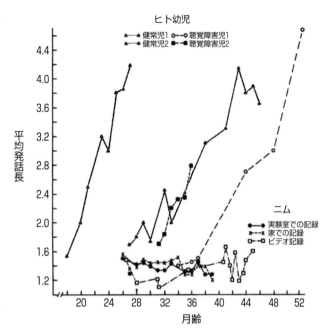

図9-3　文を構成する単語の数の発達　Terrace et al. (1979)

シカはハーマンのイルカに勝るとも劣らない成果をあげた（Schusterman & Krieger, 1984; Gisiner & Schusterman, 1992）。

　ペパーバーグは、観察学習の方法でアレックスという名のヨウム（オウムの一種）の言語訓練に成功している。約2年の訓練によって、名詞9つと形容詞5つを使い、否定時に「no」ということもできるようになった（Pepperberg, 1981）。また、訓練者が立ち去ろうとすると、「I'm sorry」というなど、状況に応じた発声を自発的に行った（Pepperberg, 1994）。アレックスはその後も語彙を増やし、2007年に死んだときには、100語以上を学習した鳥としてマスコミ報道された（Carey, 2007）。

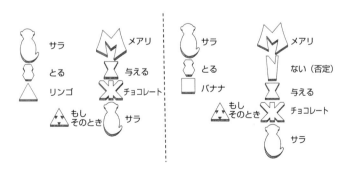

図9-4　チンパンジーのサラの条件文の理解
Premack & Premack (1972)
チョコレートをメアリ（訓練者）からもらうためには、バナナではなくリンゴを手に取らなくてはならないことを、サラは上図の彩片語の文を読んで理解した。

9-3　ヒトの言語と動物の「ことば」の違い

　表9-1は、アメリカの言語学者**ホケット**（Hockett, C.）が、ヒトの音声言語の特徴を列挙したものである。動物の「ことば」でこの全特徴をもつものはない。例えば、ミツバチの尻振りダンスは、③④⑥⑦⑧⑩の特徴をもつが、①⑪⑫⑬⑭⑮⑯の特徴はもたず、②⑤⑨の特徴も疑問である。

　チンパンジーの言語学習の諸研究からは、①⑫⑮といった特徴は欠くものの、それ以外の多くの特徴をヒトの言語と共有することが明らかにされている。ただし、チョムスキーはヒト以外の動物は句構造をもつ文を作れず、生産性のない有限状態文法に留まる（⑪の特徴はもたない）とした。テラスの実験（→ p.116）はこれを支持している。

表9-1　ヒトの音声言語の特徴　Hockett（1969）より作成

①音声・聴覚経路	言葉は音声として発信され、聴覚で受信される。
②拡散性と指向性	広がって伝わるが、受信時は発信源の方向を特定できる。
③急速な減衰	持続せず急速に消失する。
④交換可能性	発信者は受信者にもなることができる。
⑤自己フィードバック	発信者は発話中に自分の言葉を受信できる。
⑥特殊性	情報伝達に特化しており、他の機能の副産物ではない。
⑦意味性	特定の対象を意味する。
⑧恣意性	言葉と対象の間に必然的関係がない。
⑨分離性	連続的でなく、区切りがある。
⑩転位性	時間的・空間的に離れた出来事を示すことができる。
⑪開放性	有限の要素を用いて無限の文を生む生産性がある。
⑫伝統性	次世代へ教育・学習によって継承される。
⑬二重性	要素が単語を構成し、単語が文を構成する。［二重分節構造］
⑭虚偽性	架空の出来事（嘘）を述べることができる。
⑮反射性	言葉を使って言葉そのものについて述べることができる。
⑯学習性	1つの言語だけでなく別の言語も学習できる。

　ホケットのリストは音声言語に関するものなので、動物の音声コミュニケーションについて考察してみよう。動物の音声は情動の表出に留まらず、他個体への情報伝達の役割を果たすことがある。例えば、アフリカのケニアに群れで暮らすベルベットモンキーは、天敵の種類に応じて異なった警戒音声を発することで知られている（図9-5）。それを聞いた集団のメンバーはヒョウに対して木に登る、ワシに対して藪に逃げる、ヘビに対して地面を探すという行動をとる（Seyfarth et al., 1980）。北アメリカの草原にすむプレーリー

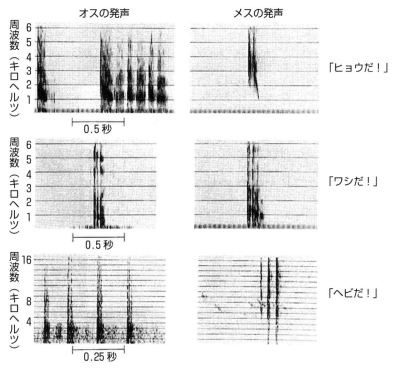

オスの発声　　　　　　　メスの発声

周波数（キロヘルツ）

0.5秒　　　　　　　「ヒョウだ！」

0.5秒　　　　　　　「ワシだ！」

0.25秒　　　　　　　「ヘビだ！」

図9-5　ベルベットモンキーの警戒音声のソナグラム
Cheney & Seyfarth（1990）

ドッグも、4種類の天敵（ヒト・タカ・イヌ・コヨーテ）に応じた警戒音声を発することが確認されている（Kiriazis & Slobodchikoff, 2006）。こうした音声コミュニケーションは、ホケットの表のうち①〜⑩の特徴を備えているが、⑪〜⑯の特徴は欠いている。ただし、ベルベットモンキーは天敵襲来を知らせる警戒音声を故意に発しなかったり、天敵がいないのに警戒音声を発して、群れの仲間や他の群れの個体をだますことがある（Cheney & Seyfarth, 1990）。このため、⑭の特徴も備えているといえよう。

ベルベットモンキー ©Pixabay

プレーリードッグ ©Pixabay

9-4　言語の発達
（前言語的コミュニケーションから言語的コミュニケーションへ）

　ヒトは1歳前後から言葉を話し始めるが、音声の発達はそれ以前、つまり**前言語期**（prelinguistic stage）から始まっている。赤ちゃんは生後すぐ泣き声（**叫喚音**, crying）をあげる。泣き声は不機嫌なときに発せられるが、2か月頃になると機嫌のいいときに「あー」「うー」という**クーイング**（cooing）を発し始め、4〜5か月頃から**喃語**（babbling）に変わる。喃語は「あぅあぅ」といった母音の発声から始まり、「ばぁ」のような子音を含む発声、「ばばばば」のような反復、「ばぶばぶ」といった複数の音節からなる無意味音声（**ジャーゴン**, jargon）に変化していく。前言語期には音声の聴き取り（音韻知覚）もできるようになって、前言語期末には自分の名前を呼びかけられると、発声や振り向くなどの動作で応えるようになる。

　前言語期終盤の9〜10か月頃から喃語は減り始め、身振り（ジェスチャー）が盛んになる。自分と対象との**2項関係**（dyadic relation）から、他者（養育者）を含めた**3項関係**（triadic relation）として状況を把握し始めるのもこの頃である。具体的には、相手に見てほしい対象を指さしたり、他者の視線の先にある物を見ようとしたり（視線追従）する。これらを**共同注意**（joint attention）という。

　1歳頃には、母親をさして「まぁま」と発声するように、対象に対応した音声、すなわち単語を発するようになる。これを**初語**（first words）といい、ここからが**言語期**（linguistic stage）になる。この頃の発話は1語文で、母親に対しても、母親がもっていたハンカチに対しても「まぁま」であり、母親に抱っこしてほしいときも「まぁま」である。この**一語期**（one-word stage）は単語数が50語を超える1歳半頃には終わり、「まぁ

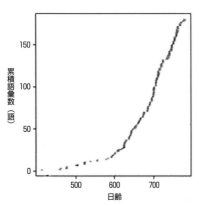

図9-6　語彙爆発を示した1名の男児の例
小林ら（2013）を改変

ま、ぶーぶー」（ママ、車のおもちゃを取って）のような2語文を話す**二語期**（two-word stage）に移る。この頃、話せる単語の数が急激に増加することがあり（図9-6）、これを**語彙爆発**（vocabulary explosion）という。ただし、単語の獲得速度がほぼ一定である子どももいる。語彙数の調査には、子どもが話せるようになった単語を日記に控える**日誌法**（diary recording method）がよく用いられる。語彙の発達においては単語とその指示物との関係の正しい学習も含まれる。バスでも電車でも動く乗り物をすべて「ぶーぶー」というような**過大般用**（過剰般用, overgeneralization）や、その逆

の**過小般用**（undergeneralization）は周囲の人々によって修正される。

　2歳頃には、3語以上の多くの単語を連ねて話す**多語期**（multiple-word stage）が始まるが、その初期には、助詞（英語では前置詞や冠詞、語の屈折など）を欠いた「まぁま、ぶーぶー、とって」のような電報文が見られる。日常的な話しことばは3～4歳頃に一応完成するが、「せんせい」を「てんてい」というなど、幼児特有の発音（幼児音、child pronunciation）が消失するのは6歳頃である（中西ら, 1972）。

　チョムスキーはヒトには言語獲得装置が備わっているとした（→ p.106）。いっぽう、**ブルーナー**（→ p.85）は、子どもは適切な環境で育たなければ適切に言語を使えるようにならないとし、言語発達を支える環境状況を**言語獲得支援システム**（Bruner, 1983）と呼んだ。上記の過大般用・過小般用の修正はその1つである。母親が子どもに、（1）高い声で、（2）抑揚をつけて、（3）ゆっくり、（4）同じ言葉を繰り返し語りかける**マザリーズ**（母親語, motherese）や、「わんわん（犬）」「おてて（手）」のような「赤ちゃんことば（育児語）」などの、**対乳児発話**（infant-directed speech, IDS）の使用も言語発達を促すものである。

　認知言語学を**レイコフ**（→ p.107）とともに唱導するアメリカの心理学者**トマセロ**（M. Tomasello）によれば、ヒトは一般的認知能力と他者の意図を理解する能力によって言語を習得する（Ibbotson & Tomasello, 2016）。前述の共同注意のほか、視線の検出や、人物の顔や声を選択的に知覚する対人知覚、困ったときに周囲の人の表情や態度をうかがう**社会的参照**（social referencing）、他者の立場で状況を把握する**視点取得**（perspective taking）、周囲の人の動作や意図を読む**心の理論**（theory of mind）といった能力が言語獲得の基礎にあるという。こうした能力をもつヒトが、実際に言語を使用してその結果から学ぶことで言語の規則性を見出し、洗練された言語になるという理論的立場を**社会語用論的アプローチ**（social pragmatic approach：Tomasello, 1999, 2003）または**用法基盤モデル**（usage-based model：Langacker, 1987, 2009）という。

　ところで、われわれは新しい物体とともにその名前（単語）を聞くだけで、新語を学習できる。このように指示対象と単語の対応（マッピング）がすぐできることを**即時マッピング**（fast mapping）という。これは古典的条件づけでも説明できる。しかし、名前を知っている物と新奇な物1個が並んだ状況で、新語が既知物体の名前ではないと判断し、新奇物体の名前だと推理することは古典的条件づけでは説明困難である。こうした消去法に基づく推理を**排他的推論**（inference by exclusion）という。指示対象と単語が一対一に対応している状況や、そうした対応関係を把握する心理を**相互排他性**（mutual exclusivity）という。ヒトはまた、新しい単語の意味を文の前後関係（文脈）から推理できる。これを**統語的ブートストラッピング**（**統語的初期駆動**, syntactic bootstrapping）という。

9-5　オペラント行動としての言語

スキナー（Skinner, 1957）によれば、ヒトの言語は、自発され、結果によって変容するオペラント行動の一種であり、オペラント条件づけの用語で記述できる。ただし、**言語行動**（verbal behavior）を強化するのは、その言語を共有する仲間集団（**言語共同体**, verbal community）である。言語行動には以下の7種類がある。

○　特定の動機づけのもとで自発する要求行動である**マンド**（mand）
○　物や出来事を弁別刺激として自発する報告行動である**タクト**（tact）
○　音声を弁別刺激として、それと同じ音声言語を発する音声模倣行動である**エコーイック**（echoic）
○　文字を書き写すあるいは音声を書き取るといった転写行動である**トランスクリプション**（transcription）
○　文字を声に出して読む読字行動である**テクスチュアル**（textual）
○　言語を弁別刺激として自発する連想行動である**イントラバーバル**（intraverbal）
○　自己の言語行動に言及する高次言語行動である**オートクリティック**（autoclitic）

このうちマンドは特定の動機づけと関連する強化子（例：喉が渇いている状態で「水」といったときにもらう水）によって形成・維持されるが、それ以外の言語行動を形成・維持するのはうなずきや言語的承認といった般性強化子（→ p.59）である。図9-7はタクトの例である。出現した蝶を見て発した「チョウチョ」という子どものタクトは、母親の「そうだね」という承認で強化される。母親がいなかったり、ママ友とのおしゃべりに夢中なら、強化されない。このように、聞き手の存在やようす、誰が聞き手かが話し手の言語行動に影響する弁別刺激となることを**オーディエンスによる制御**（audience control）という。

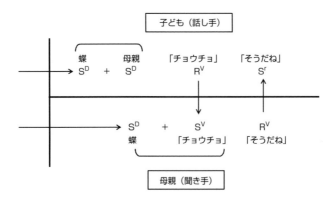

図9-7　タクトにおける話し手と聞き手の随伴性の例
Skinner（1957）を改変
S^D: 非言語弁別刺激　　S^V: 言語弁別刺激　　R^V: 言語反応　　S^r: 強化子

同じ言語表現であっても異なるオペラント行動である場合がある。例えば、「塩！」という発話は、薄味の料理を口にして卓上塩を求めるときにはマンドで、相手から手渡された卓上塩によって強化される。いっぽう、白い粉をなめて発するときにはタクトで、「NaClとは何か？」と訊かれて答えるときにはイントラバーバルであり、いずれも周囲の人からの「正解！」のような言語的承認によって強化される。また、「寒いね」のように形式的にタクトに思えても、「ストーブをつけてくれ」というマンドの偽装である場合もある。これは語用論でいう間接発話行為（→ p.110）にあたる。

　スキナーの言語論では、マンドとタクトが特に重要であるから、より詳しく考察してみよう。マンドには、「風よ、吹け！」のように言語を解さない対象に向けて発する迷信マンドや、「鳥になりたい」のように実現困難な願いを述べる呪術マンドもある。これらは通常のマンド（言語共同体の仲間に対して発する可能な要求）からの般化であり、まとめて**拡張マンド**（extended mand）という。同様に、タクトも般化する。**拡張タクト**（extended tact）には、珍しい家具を見て「これも椅子だ」のように対象の本質的特徴を備えたものに対して発せられる総称的タクト、「あいつは鬼だ」のように似た特徴を有したものに対して発せられる隠喩的タクト、「彼女は黒帯だ」のように関連したものに対して発せられる換喩タクトがある。

　ところで、話し手は、目の前にある卓上塩のように他者も知ることのできる**公的出来事**（public event）だけではなく、腹痛のように自分だけが知ることのできる**私的出来事**（private event）についてもタクトを自発できる。これは、私的出来事にはしばしば公的出来事（例：痛みに顔を歪めている）が伴っているなど、聞き手が確認できる事柄が存在しているからである。

　出来事の間の関係を記述したタクトを**ルール**と呼ぶ。行動とその結果の随伴性を記述したもののほか、行動間の関係や、刺激間の関係を記述したものもルールであり、教示・命令・忠告・警告・法律・格言・科学法則などが含まれる。行為者が自ら生み出す自己ルールもある。ルールは、「地球は太陽の周りを回る」のように出来事の間の普遍的な関係を述べた記述ルール（標準ルール）と、「不燃ごみは月曜朝に回収する」のように特定の行動を誘導する指示ルール（規範ルール）に大別できる（Reese & Fremouw, 1984）。後者はしばしば偽装されたマンドである。

　ルールに基づいて自発する行動を**ルール支配行動**（rule-governed behavior）と呼び、実際の随伴性にさらされて作られる**随伴性形成行動**（contingency-shaped behavior）と区別する（Skinner, 1966）。ルール支配行動は、ルールと実際の随伴性との一致により制御されている**トラッキング**（tracking）と、ルールに従う行動が社会的随伴性により制御されている**プライアンス**（pliance）に分類できる（Zettle & Hayes, 1982）。不適切なルール支配行動は心理的不適応をもたらすことがある。

9−6　関係フレーム理論

　クサフグよりハマチが大きく、ハマチよりブリが大きいことを知ると、クサフグよりブ
リが大きいと推測できる。このように大小や強弱などの順序関係に基づく推理を**推移的推
論**（transitive inference）という。推移的推論や刺激等価性（→ p.81）は、直接的に学習し
ていない刺激関係（上の例では、クサフグとブリの関係）を導くもので、そうした新しい刺
激関係を**派生的刺激関係**（derived stimulus relationship）、それに基づく反応を派生的反応
という。大小（あるいは多少・強弱）や等価（あるいは類似）のほかに、「敵の敵は味方」
のように、反対（敵対）関係についても派生的反応を導くことができる。

　刺激機能の**変換**（transformation）も派生的反応の１つである。例えば、「クサフグ ＜
ハマチ ＜ ブリ」という大小の順序関係をすでに学習しているとしよう。ここで、「クサ
フグは・である」という新しい知識は「ハマチは●である」「ブリは●である」という新
しい派生的反応をうむ。このように、ある刺激（クサフグ）が特定の意味（・）をもつと、
その刺激と関連した他の刺激（ハマチやブリ）も新たな意味（●や●）をもつことが刺激
機能の変換である。

　ヒト以外の動物もある程度は派生的反応を行う能力をもつが、言語をもつヒトは複数の
刺激を自由に関連づけ、状況に応じて無数の派生的刺激関係を生みだすことができる。ス
キナー派の心理学者**ヘイズ**らはこうした作用を**関係フレームづけ**（relational framing）と
呼んでいる（Hayes et al., 2001）。「フレーム」は従来の心理学で「関係概念」と呼ばれて
きたもの（→ p.97）に相当する。状況すなわち、**文脈**（context）に応じた派生的刺激関係
のしくみを捉えようとするのが、**関係フレーム理論**（relational frame theory, **RFT**）で、
その背景にある実用哲学が**機能的文脈主義**（functional contextualism）である。

　関係フレームづけは、多くの場合、環境に適応的で正しい反応をもたらすが、ときとし
て間違った推論を生む。例えば、「クサフグ ＜ ハマチ ＜ ブリ」という関係を学習してい
る人に、「クサフグには毒がある」という知識を与えると、「ハマチにはより強い毒があ
る」「ブリにはさらに強い毒がある」という誤った結論を生む恐れがある。また、「ハマチ
もブリも大きさが違うだけで同種の魚だ」という知識を与えると、「クサフグも小さいが
同種の魚だ」と早合点するかもしれない。

　こうした不適切な派生的反応が心理的不適応を生じさせることがある。例えば、班内で
アイデアをうまく発表できず不快な思いをした生徒は、クラス内での発表にはより乗り気
でないだろうし、校内発表にはなおさら尻込みするだろう。

　ヘイズらの**アクセプタンス＆コミットメント・セラピー**（acceptance & commitment
therapy, **ACT**）は、そうした不適応状態に対する心理療法で、思考や感情を受け入れ（ア
クセプタンス）、自分の価値に合った行動をとる（コミットメント）ことを学習させる

（Hayes et al., 2006）。ACT では、言語による行動制御が強まると、個人の活動が潤滑に進まなくなると想定する。つまり、不適切なルール支配行動が不適応の原因だと考える。言語が苦悩を生み出すのだから、「言葉の力をスルリとかわす」ことが治療法になる。

ACT には、アクセプタンスとコミットメント以外にも 4 つの重要な要素がある。まず、自分というものを思考や感情が生まれる場所だとみなすことである（文脈としての自己）。これによって、「私は○○だから…」のような自己に対する固定観念から解放され、自分で自分を相対化してみることができる。

また、思考と現実を同一視（認知的フュージョン）しないことである。例えば、「テストで失敗する」という思い込みと、実際にテストで失敗することは同じではない。認知的フュージョンから自由になること（脱フュージョン）が大切である。さらに、現在、自分で考えていることや感じていることにはっきり気づくこと（「今、この瞬間」との接触）や、自分が重視する価値（行動を強化する物事）を把握することも重要である。

図 9 - 8 は、これら 6 要素を図示したもので、柔軟（flexible）な心の六角形（hexagon）を意味する**ヘキサフレックス**（hexaflex）と名づけられている。

実際の治療においては以下の方略が用いられる。

（1）マインドフルネスとアクセプタンスの方略：言語的な囚われ（言葉の支配）を脱するため、感情や認知を抑えるのではなく、そのまま受け入れる。

（2）コミットメントと行動変化の方略：潜在的に有している価値を積極的に掘り起こし、価値に沿った行動を強化することで、生活の質の拡大をめざす。

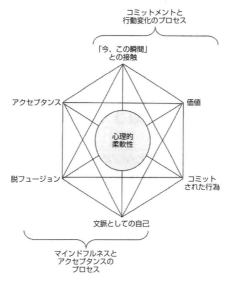

図 9 - 8　心理的柔軟性モデル
Hayes et al.（2006）

9-7　媒介理論

ハル（→ p.4）の流れを汲む学習心理学者も条件づけの視点から言語について説明を試みている。ハルは、刺激（S）と反応（R）の間を媒介（仲介）するさまざまな要因を仮定したが、そのうちの1つが**部分予期目標反応**（fractional anticipatory goal reaction）である（Hull, 1931）。走路の先で餌を食べる訓練を繰り返し受けたラットは、出発箱に入れられるとそわそわするようになる。これは、出発箱の内側の状況を CS、餌を US とする古典的条件づけであり、餌を食べる反応（目標反応, R_g）の一部である興奮（r_g）が CS によって誘発されたのである。目標を予期して部分的な反応が生じるため、部分予期目標反応という。r_g はラットを急き立てる刺激（s_g）としても機能する。つまり、出発箱内側の状況（S）が喚起した r_g-s_g メカニズムが媒介となって、出発箱の扉が開いた後の全力疾走（R）を動機づける（S-r_g-s_g-R）。

S-r-s-R という**媒介理論**（mediation theory）で言語を説明しようという試みは、**マウラー**の提言を経て（Mowrer, 1950）、**オズグッド**らが単語の意味分析に適用したことで開花した（Osgood et al., 1957）。例えば、「伝統」という言葉は、「素晴らしい」「落ち着いた」「堅苦しい」といった多様なイメージを喚起する。こうしたイメージの1つ1つが、特定の意味を予期する反応である（意味［meaning］の頭文字を付して r_m-s_m と表記される）。ある言葉の意味（r_m-s_m）をさまざまな形容語対への回答から明らかにしようという**意味微分法**（**意味差判別法、SD 法**, semantic differential method）をオズグッドらは考案した（図9-8）。多くの言葉は、「よい―悪い」「好き―嫌い」といった評価性（evaluation）の軸、「大きい―小さい」「強い―弱い」といった力量性（potency）の軸、「速い―遅い」「活発な―静かな」といった活動性（activity）の軸の3つの次元（頭文字から EPA の3次元という）に位置づけることができる。なお、SD 法は、言葉以外のもの（人物・商品など）の印象評定の手法としても用いられるが、この場合は必ずしも EPA の3次元には収まらない。

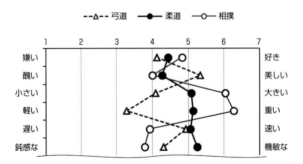

図9-9　男子高校生の武道イメージのプロフィール
反対の意味をもつ形容語を用いて7件法で求めた平均値
（花田ら, 1985）より作成

コラム　言語の障害

　脳損傷（おもに脳出血や脳梗塞などの脳血管障害）により後天的に生じた言語機能の障害を**失語症**（aphasia）という。失語症は高次脳機能障害の一種で、発声器官（主として、舌や唇）の異常により正しく発音できない**構音障害**（lisp, dysarthria）や、ストレス等によって声が出なくなる**失声症**（aphonia）、原因未解明の**吃音症**（stuttering, stammering）や**速話症**（早口言語症, cluttering）などとは異なる。

　失語症にはさまざまな種類がある（表9-2）。**ブローカ失語**（運動性失語、表出型失語）では、語の理解は正常だが、発話や書字が難しい。**ウェルニッケ失語**（感覚性失語、受要型失語）では、発話は流暢だが、話し言葉の理解ができない。また、自分の発音と単語の対応づけが困難で、意味のない言葉を羅列する「言葉のサラダ」現象が生じやすい。読み間違いや書き間違いも見られる。この両失語の名称は発見者名に由来し、左脳の特定部位の損傷の結果として生じる（図9-10）。

　伝導失語では発話も言語理解も良好だが、復唱ができない。ブローカ野とウェルニッケ野を結ぶ神経回路（弓状束）の損傷によるとされる。

　健忘失語（失名詞失語）は品物の名前を正しくいえず、例えば鉛筆を見て「書くやつ」のように遠回しにいう。視覚情報（品物や文字）から音声言語への変換処理を行う視覚性言語野（角回）の損傷によるとされる。

　超皮質性失語は復唱可能な失語で、発話量の減少を伴う超皮質性運動失語（ブローカ野前方・上方の損傷）と、意味理解の低下を伴う超皮質性運動失語（ウェルニッケ野後方の損傷）に分類できる。

　左脳の外側溝周囲を広範に損傷した場合は、**全失語**となる。

　なお、**読字障害**（読み書き障害, dyslexia）はウェルニッケ失語の症状として観察されるが、発達性の読字障害は学習障害の一種である。

表9-2　代表的な失語症の種類とその症状　（八田, 1990）

種類	流暢さ	発語・書字	復唱	命名	理解
ブローカ失語	×	▲	△	△	○
ウェルニッケ失語	○	▲	△	△	×
伝導失語	△	○	×	△	○
健忘失語	○	○	○	△	○
超皮質性失語	×	×	○	△	×
全失語	×	×	×	×	×

○：可能、△：ほぼ可能、▲：ほぼ不可能、×：不可能

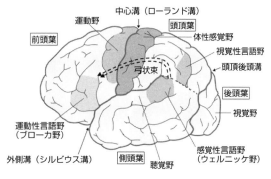

図9-10　大脳左半球（左脳）の脳部位

参考図書―より深く学びたい人のために―

◆学習心理学全般に関するもの

今田 寛『学習の心理学』培風館　1996

メイザー『メイザーの学習と行動［日本語版第3版］』二瓶社　2008

小野浩一『行動の基礎―豊かな人間理解のために―［改訂版］』培風館　2016

眞邉一近『ポテンシャル学習心理学』サイエンス社　2019

実森正子・中島定彦『学習の心理学―行動のメカニズムを探る―［第2版］』サイエンス社　2019

◆言語学・言語心理学全般に関するもの

針生悦子（編）『言語心理学』朝倉書店　2006

福田由紀（編著）『言語心理学入門―言語力を育てる―』培風館　2012

岩立志津夫・小椋たみ子（編）『よくわかる言語発達［改訂新版］』ミネルヴァ書房　2017

池上嘉彦『記号論への招待』岩波書店　1984

スミス＆アロット『チョムスキーの言語理論―その出発点から最新理論まで―』新曜社　2019

今井むつみ『ことばと思考』岩波書店　2006

籾山洋介『認知言語学入門』研究社　2010

ドイッチャー『言語が違えば、世界も違って見えるわけ』インターシフト　2012

◆学習科学に関するもの

大島純・益川弘如（編）『学びのデザイン―学習科学―』ミネルヴァ書房　2016

ソーヤー（編）『学習科学ハンドブック［第二版］』（第1～3巻）北大路書房　2018

市川伸一『学習と教育の心理学［増補版］』岩波書店　2011

市川伸一『勉強法の科学―心理学から学習を探る―』岩波書店　2013

ガニェ『インストラクショナルデザインの原理』北大路書房　2007

向後千春『上手な教え方の教科書―入門インストラクショナルデザイン―』技術評論社　2015

◆条件づけに関するもの

今田 寛（監修）・中島定彦（編）『学習心理学における古典的条件づけの理論―パヴロフから連合学習研
　　究の最先端まで―』培風館　2003

レイノルズ『オペラント心理学入門―行動分析への道―』サイエンス社　1978

小牧純爾『学習理論の生成と展開―動機づけと認知行動の基礎―』ナカニシヤ出版　2012

島宗 理『応用行動分析学―ヒューマンサービスを改善する行動科学―』新曜社　2019

◆行動療法・認知行動療法に関するもの

三田村仰『はじめてまなぶ行動療法』金剛出版　2017

熊野宏昭『新世代の認知行動療法』評論社　2012

◆スキナー派の行動主義言語論に関するもの

山口　薫・佐藤方哉（編）『ことばの獲得―言語行動の基礎と臨床』川島書店　1983

日本行動分析学会（編）『ことばと行動―言語の基礎から臨床まで―』ブレーン出版　2001

武藤　崇（編）『ACT ハンドブック―臨床行動分析によるマインドフルなアプローチ―』星和書店　2011

ハリス『よくわかる ACT（アクセプタンス＆コミットメント・セラピー）』星和書店　2012

トールネケ『関係フレーム理論（RFT）をまなぶ―言語行動理論・ACT 入門―』星和書店　2013

◆動物の「ことば」に関するもの

ハリディ＆スレイター（編）『動物コミュニケーション』西村書店　1998

ハート『動物たちはどんな言葉をもつか』三田出版会　1998

岡ノ谷一夫『さえずり言語起源論―新版小鳥の歌からヒトの言葉へ―』岩波書店　2010

ギル『チンパンジーが話せたら』翔泳社　1998

サベージ＝ランボー『カンジ―言葉を持った天才ザル―』NHK 出版　1993

サベージ＝ランバウ＆ルーウィン『人と話すサル「カンジ」』講談社　1997

サベージ＝ランバウ『チンパンジーの言語研究―シンボルの成立とコミュニケーション―』ミネルヴァ
　　書房　1992

ペッパーバーグ『アレックスと私』幻冬舎　2002

ペッパーバーグ『アレックス・スタディ―オウムは人間の言葉を理解するか―』共立出版　2003

松沢哲郎『チンパンジーから見た世界［新装版］』東京大学出版会　2008

引用文献

第1章

Aristotle（350 BC a）. *De anima*. 桑子敏雄（訳）（1999）. 心とは何か　講談社

Aristotle（350 BC b）. *De poetica*. 三浦洋（訳）（2019）. 詩学　光文社

Baas, B. J.（1986）. *The cognitive revolution in psychology*. New York: Guilford Press.

Beck, A. T.（1970）. Cognitive therapy: Nature and relation to behavior therapy. *Behavior Therapy, 1*, 184–200.

Bloomfield, L.（1939）. *Linguistic aspects of science*. University of Chicago Press. 鳥居次好（訳）（1958）言語と科学　大修館

Bryan, W. L., & Harter, N.（1897）. Studies in the physiology and psychology of the telegraphic language. *Psychological Review, 4*, 27–53.

Collins, A., Brown, J.S., & Newman, S.E.（1989）. Cognitive apprenticeship teaching and the crafts of reading, writing, and mathematics. In L. B. Resnick（Ed.）, *Knowing, learning, and instruction*（pp. 453–494）. Hillsdale, NJ: Erlbaum.

Cronbach, L. J.（1957）. The two disciplines of scientific psychology. *American Psychologist, 12*, 671–684.

Ebbinghaus, H.（1885）. *Über das Gedächtnis. Untersuchungen zur experimentellen Psychologie*. Leipzig: Duncker & Humblot. 宇津木保（訳）（1978）. 記憶について―実験心理学への貢献―　誠信書房［英語版からの重訳］

Ellis, A.（1957）. Rational psychotherapy and individual psychology. *Journal of Individual Psychology, 13*, 38–44.

Eysenck, H. J.（Ed.）（1960）. *Behavior therapy and the neuroses*. London: Pergamon.　異常行動研究会（訳）（1965）. 行動療法と神経症―神経症の新しい治療理論―　誠信書房

Gagne, R.M.（1977）*The conditions of learning*（3rd ed.）. New York: Holt. 金子敏・平野朝久（訳）（1982）. 学習の条件（第三版）　学芸図書

Gagne, R. M., & Briggs, L. J.（1974）. *Principles of instructional design*. New York: Holt.

Gagne, R. M., & Briggs, L. J.（1979）. *Principles of instructional design*（2nd ed.）. New York: Holt. 持留英世・持留春野（訳）（1986）. カリキュラムと授業の構成　北大路書房

Hull, C. L.（1943）. *Principles of behavior: An introduction to behavior theory*. New York: Appleton. 能見義博・岡本栄一（1960）. 行動の原理　誠信書房

Humboldt, W., von（1836）. *Über die Verschiedenheit des menschlichen Sprachbaues und ihren Einfluß auf die geistige Entwicklung des Menschengeschlechts*. Berlin: Gedruckt in der Druckerei der Königlichen Akademie der Wissenschaften. 亀山健吉（1984）. 言語と精神―カヴィ語研究序説―

法政大学出版局

今田寛（1996）. 学習の心理学　培風館

今田寛（2005）. ジェームズ、デューイ、エンジェル―機能主義心理学の先駆者、宣言者、確立者―　末永敏郎（監修）・鹿取廣人・鳥居修晃（編）, 心理学群像 1 （pp. 65-88）　アカデミア出版

James, W. (1907). *Pragmatism: A new name for some old ways of thinking.* New York: Longmans. 桝田啓三郎（訳）（1957）　プラグマティズム　岩波書店

Kantor, J. R. (1936). *An objective psychology of grammar.* Bloomington: Indiana University Press.

Keller, J. M. (2010). *Motivational design for learning and performance: The ARCS model approach.* New York: Springer. 鈴木克明（訳）（2010）. 学習意欲をデザインする―ARCS モデルによるインストラクショナルデザイン―　北大路書房

Lave, J., & Wenger, E. (1991). *Situated learning: Legitimate peripheral participation.* New York: Cambridge University Press. 佐伯胖（訳）（1993）. 状況に埋め込まれた学習―正統的周辺参加　産業図書

Levelt, W. J. M. (2012). *A history of psycholinguistics: The pre-Chomskyan era.* Oxford: Oxford University Press.

Lindsley, O. R., Skinner, B. F., & Solomon, H. C. (1953). *Study of psychotic behavior, studies in behavior therapy. Status Report 1.* Waltham, MA : Metropolitan State Hospital.

Locke, J. (1700). *An essay concerning human understanding* (4th ed). London: Printed for Awnsham and John Churchil, and Samuel Manship. 大槻春彦（訳）（1974）. 人間知性論（1 ～ 4 巻）　岩波書店

Miller, G. A. (1954). Psycholinguistics. In G. Lindzey (Ed.), *Handbook of social psychology* (pp. 693-708). Cambridge, MA: Addison-Wesley.

Miller, G. A. (1956). The magical number seven, plus or minus two: Some limits on our capacity for processing information. *Psychological Review, 63,* 81-97.

Morris, C. W. (1938). *Foundations of the theory of signs.* Chicago: University of. Chicago Press. 内田種臣・小林昭世（訳）（1988）. 記号理論の基礎　勁草書房

Morris, C.W. (1946). *Signs, language, and behavior.* New York: Braziller. 寮金吉（訳）（1972）. 記号と言語と行動―意味の新しい科学的展開―　三省堂

武藤崇（編）（2019）. 臨床言語心理学の可能性―公認心理師時代における心理学の基礎を再考する―　晃洋書房

Osgood, C. E., & Sebeok, T. A. (Eds.) (1954). *Psycholinguistics: A survey of theory and research problems.* Baltimore, MD: Waverly.

Piaget, J. (1949). *La psychologie de l'intelligence* (2nd ed.). Paris: Colin. 波多野完治・滝沢武久（訳）（1967）. 知能の心理学　みすず書房

Plato (360 BC a). *Kratylos.* 水地宗明・田中美知太郎（訳）（1975）. クラテュロス・テイアテトス　岩波書店

Plato (360 BC b). *Phaidōn*. 岩田靖夫（訳）（1998）. パイドン　岩波書店

Powell, R. A., Symbaluk, D. G., & MacDonald, S. E. (2002). *Introduction to learning and behavior*. Belmont, CA: Wadsworth.

佐藤方哉（1976）. 行動理論への招待　大修館書店

Saussure, F. de (1916). *Cours de linguistique générale*. Paris: Payot. 町田健（訳）（2016）. 新訳ソシュール一般言語学講義　研究社

島宗 理（2004）. インストラクショナルデザイン―教師のためのルールブック―　米田出版

Skinner, B. F. (1938). *The Behavior of organisms: An experimental analysis*. New York: Appleton.

Tolman, E. C. (1932). *Purposive behavior in animals and men*. New York: Appleton.

Warren, H. C. (1921). *A history of the association psychology*. New York: Scribner's. 矢田部達郎（訳）（1951）. 心理學史　創元社

Watson, J. B. (1913). Psychology as the behaviorist views it. *Psychological Review, 2*, 158–177.

Watson, J. B. (1916). The place of the conditioned-reflex in psychology. *Psychological Review, 23*, 89–116.

Watson, J. B. (1919). *Psychology from the standpoint of a behaviorist*. Philadelphia: Lippincott.

Watson, J. B. (1930). *Behaviorism* (Rev. ed.). Chicago: University of Chicago Press. 安田一郎（訳）（2017）. 行動主義の心理学［復刊版］　ちとせプレス

Wenger, E. (1998). *Communities of practice: Learning, meaning and identity*. Cambridge: Cambridge University Press.

Wong, W. C. (2009). Retracing the footsteps of Wilhelm Wundt: Explorations in the disciplinary frontiers of psychology and in Völkerpsychologie. *History of Psychology, 12*, 229–265.

第2章

Bee, M. A., & Gerhardt, H. C. (2001). Habituation as a mechanism of reduced aggression between neighboring territorial male bullfrogs (*Rana catesbeiana*). *Journal of Comparative Psychology, 115*, 68–82.

Cook, A. (1971). Habituation in a freshwater snail (*Limnaea stagnalis*). *Animal Behaviour, 19*, 463–474.

Davis, M., & Wagner, A. R. (1969). Habituation of startle response under incremental sequence of stimulus intensities. *Journal of Comparative and Physiological Psychology, 67*, 486–492.

Epstein, L. H., Rodefer, J. S., Wisniewski, L., & Caggiula, A. R. (1992). Habituation and dishabituation of human salivary response. *Physiology & Behavior, 51*, 945–950.

Gunn, D. L. (1937). The humidity reactions of the wood-louse, *Porcellio scaber* (Latreille). *Journal of Experimental Biology, 14*, 178–186.

Hess, E. H. (1973). *Imprinting: Early experience and the developmental psychobiology of attachment.*

New York: D. Van Nostrand.

Kennedy, J. S. (1937). The humidity reactions of the African migratory locust, *Locusta migratoria migratorioides* R. & F., gregarious phase. *Journal of Experimental Biology, 14,* 187–197.

Kuo, Z. Y. (1930). The genesis of the cat's responses to the rat. *Journal of Comparative Psychology, 11,* 1–35.

Rose, J. K., & Rankin, C. H. (2001). Analyses of habituation in *Caenorhabditis elegans. Learning & Memory, 8,* 63–69.

Scott, J. P., & Fuller, J. L. (1965). *Genetics and the social behavior of the dog.* Chicago: Chicago University Press.

Sokolov, E. N. (1963). Higher nervous functions: The orienting reflex. *Annual Review of Physiology, 25,* 545–580.

Solomon, R. L., & Corbit, J. D. (1974). An opponent-process theory of motivation: I. Temporal dynamics of affect. *Psychological Review, 81,* 119–145.

Thompson, R. F., & Spencer, W. A. (1966). Habituation: A model phenomenon for the study of neuronal substrates of behavior. *Psychological Review, 73,* 16–43.

Tinbergen, N. (1951). *The study of instinct.* Oxford: Clarendon. 永野為武（訳）(1975). 本能の研究　三共出版

Tinbergen, N., & Perdeck, A. C. (1950). On the stimulus situation releasing the begging response in the newly hatched herring gull chick (*Larus argentatus Pont.*). *Behaviour, 3,* 1–39.

Williams, J. A. (1963). Novelty, GSR, and stimulus generalization. *Canadian Journal of Psychology, 17,* 52–61.

Wynn, K. (1992). Addition and subtraction by human infants. *Nature, 358,* 749–750.

第3章

Abbott, D. W., & Price, L. E. (1964). Stimulus generalization of the conditioned eyelid response to structurally similar nonsense syllables. *Journal of Experimental Psychology, 68,* 368–371.

Anrep, G. V. (1920). Pitch discrimination in the dog. *Journal of Physiology, 53,* 367–385.

Baker, A. G., & Mackintosh, N. J. (1977). Excitatory and inhibitory conditioning following uncorrelated presentations of CS and UCS. *Animal Learning & Behavior, 5,* 315–319.

Beck, S. B. (1963). Eyelid conditioning as a function of CS intensity, UCS intensity, and manifest anxiety scale score. *Journal of Experimental Psychology, 66,* 429–438.

Bevins, R. A., & Ayres, J. J. (1995). One-trial context fear conditioning as a function of the interstimulus interval. *Animal Learning & Behavior, 23,* 400–410.

Bouton, M. E., & Peck, C. A. (1989). Context effects on conditioning, extinction, and reinstatement in an appetitive conditioning preparation. *Animal Learning & Behavior, 17,* 188–198.

Domjan, M., Lyons, R., North, N. C., & Bruell, J. (1986). Sexual Pavlovian conditioned approach behavior in male Japanese quail (*Coturnix coturnix japonica*). *Journal of Comparative Psychology, 100,* 413–421.

Domjan, M., & Wilson, N. E. (1972). Specificity of cue to consequence in aversion learning in the rat. *Psychonomic Science, 26,* 143–145.

Garcia, J. (1989). Food for Tolman: Cognition and cathexis in concert. In T. Archer & L.-G. Nilsson (Eds.), *Aversion, avoidance, and anxiety: Perspectives on aversively motivated behavior* (pp. 45–85). Hillsdale, NJ: Erlbaum.

Garcia, J., Ervin, F. R., & Koelling, R. A. (1966). Learning with prolonged delay of reinforcement. *Psychonomic Science, 5,* 121–122.

Grill, H. J., & Norgren, R. (1978). The taste reactivity test. II. Mimetic responses to gustatory stimuli in chronic thalamic and chronic decerebrate rats. *Brain Research, 143,* 281–297.

Hayashi, T., & Ararei, M. (1963). Natural conditioned salivary reflex of man alone as well as in a group. In Y. Zotterman (Ed.), *Olfaction and taste* (Vol. 1, pp. 331–336). London: Pergamon Press.

Hilgard, E. R., & Marquis, D. G. (1940). *Conditioning and learning.* New York: Appleton.

Holland, P. C. (2000). Trial and intertrial durations in appetitive conditioning in rats. *Animal Learning & Behavior, 28,* 121–135.

Humphreys, L. G. (1939). The effect of random alternation of reinforcement on the acquisition and extinction of conditioned eyelid reactions. *Journal of Experimental Psychology, 25,* 141–158.

Hoffman, H. S., Flesher, M., & Jensen, P. (1963). Stimulus aspects of aversive controls: The retention of conditioned suppression. *Journal of the Experimental Analysis of Behavior, 6,* 575–583.

James, J. P. (1971). Acquisition, extinction, and spontaneous recovery of conditioned suppression of licking. *Psychonomic Science, 22,* 156–158.

Jenkins, J. (1997). Pavlovian conditioning of sexual behavior in male threespine stickleback (*Gasterosteus aculeatus*). *Behavioural Processes, 41,* 133–137.

Jones, M. C. (1924). A laboratory study of fear: The case of Peter. *Journal of Genetic Psychology, 31,* 308–315.

Kirkpatrick, K., & Church, R. M. (2000). Stimulus and temporal cues in classical conditioning. *Journal of Experimental Psychology: Animal Behavior Processes, 26,* 206–219.

Konorski, J., & Miller, S. (1937). On two types of conditioned reflex. *Journal of General Psychology, 16,* 264–272.

McClintock, J. B., & Lawrence, J. M. (1982). Photoresponse and associative learning in *Luidia clathrata* Say (Echinodermata: Asteroidea). *Marine & Freshwater Behaviour & Physiology, 9,* 13–21.

Miller, S., & Konorski, J. (1928). Sur une forme particulière des réflexes conditionnels. *Comptes Rendus Hebdomadaires des Séances et Mémoires de la Sociéte de Biologie, 99,* 1155–1157.

中島定彦 (2006). 商品広告の条件づけ―文献展望（1）― 行動科学, *45*(*1*), 51–64.

中島定彦 (2006). 商品広告の条件づけ―文献展望（2）― 行動科学, *45*(*2*), 27–36.

Noble, M., Gruender, A., & Meyer, D. R. (1959). Conditioning in fish (*Mollienisia* sp.) as a function of the interval between CS and US. *Journal of Comparative and Physiological Psychology, 52,* 236–239.

Ost, J. W. P., & Lauer, D. W. (1965). Some investigations of salivary conditioning in the dog. In W. F. Prokasy (Ed.), *Classical conditioning: A symposium* (pp. 192–207). New York: Appleton.

Overmier, J. B., & Curnow, P. F. (1969). Classical conditioning, pseudoconditioning, and sensitization in "normal" and forebrainless goldfish. *Journal of Comparative and Physiological Psychology, 68,* 193–198.

Pavlov, I. P. (1928). *Lectures on conditioned reflexes* (W. H. Gantt Trans.). New York: Liveright. 岡田靖雄・横山恒子 (訳)(1979). 高次神経活動の客観的研究　岩崎学術出版社［ロシア語原典からの翻訳］

Pennypacker, H. S. (1964). External inhibition of the conditioned eyelid reflex. *Journal of Experimental Psychology, 67,* 33–40.

Reilly, S., & Schachtman, T. R. (Eds.) (2009). *Conditioned taste aversion: Behavioral and neural processes.* New York: Oxford University Press.

Ross, S. M., & Ross, L. E. (1971). Comparison of trace and delay classical eyelid conditioning as a function of interstimulus interval. *Journal of Experimental Psychology, 91,* 165–167.

Schafe, G. E., Sollars, S. I., & Bernstein, I. L. (1995). The CS–US interval and taste aversion learning: A brief look. *Behavioral Neuroscience, 109,* 799–802.

Seligman, M. E. P. (1970). On the generality of the laws of learning. *Psychological Review, 77,* 406–418.

Skinner, B. F. (1937). Two types of conditioned reflex: A reply to Konorski and Miller. *Journal of General Psychology, 16,* 272–279.

Skinner, B. F. (1938). *Behavior of organisms: An experimental analysis.* New York: Appleton.

高砂美樹 (2019). 心理学史における Little Albert をめぐる謎 行動分析学研究, *33,* 128–134.

Taylor, J. A. (1953). A personality scale of manifest anxiety. *Journal of Abnormal and Social Psychology, 48,* 285–290.

Testa, T. J. (1975). Effects of similarity of location and temporal intensity pattern of conditioned and unconditioned stimuli on the acquisition of conditioned suppression in rats. *Journal of Experimental Psychology: Animal Behavior Processes, 1,* 114–121.

Thompson, T., & Sturm, T. (1965). Classical conditioning of aggressive display in Siamese fighting fish. *Journal of the Experimental Analysis of Behavior, 8,* 397–403.

内山喜久雄（1975）．スピーチフライトへの系統的脱感作法の適用　異常行動研究会（編），脱感作療法（pp. 115-125）　誠信書房

Watson, J. B. (1923). *Studies upon the behavior of the human infant: Experimental investigation of babies.* [Motion picture] Chicago, IL: C. H. Stoelting.

Watson, J. B., & Rayner R. (1920). Conditioned emotional reactions. *Journal of Experimental Psychology, 3,* 1-14.

Yaremko, R. M., Boice, R., & Thompson, R. W. (1969). Classical and avoidance conditioning of the nictitating membrane in frogs (*Rana pipiens*) and toads (*Bufo americanus*). *Psychonomic Science, 16,* 162-164.

第4章

Brogden, W. J. (1939). Sensory pre-conditioning. *Journal of Experimental Psychology, 25,* 323-332.

Denisov, P. K., & Kupalov, P. S. (1933). The magnitude of conditional reflexes in bright and obscure rooms (in Russian). *Arhkhiv Biologicheskikh Nauk,3,* 689. (Cited in Giurgea, 1974; Kupalov, 1961)

Eccher, W., & Culler, E. (1941). Reciprocal facilitation of the conditioned and conditioning mechanisms. *Journal of Comparative Psychology, 31,* 223-231.

Finch, G., & Culler, E. (1934). Higher order conditioning with constant motivation. *American Journal of Psychology, 46,* 596-602.

Giurgea, C. (1974). The creative world of P.S. Kupalov. *Pavlovian Journal of Biological Science, 9,* 192-207.

Hearst, E., Bottjer, S. W., & Walker, E. (1980). Conditioned approach-withdrawal behavior and some signal-food relations in pigeons: Performance and positive vs. negative "associative strength". *Bulletin of the Psychonomic Society, 16,* 183-186.

Holland, P. C. (1977). Conditioned stimulus as a determinant of the form of the Pavlovian conditioned response. *Journal of Experimental Psychology: Animal Behavior Processes, 3,* 77-104.

Jenkins, H. M., & Moore, B. R. (1973). The form of the auto-shaped response with food or water reinforcers. *Journal of Experimental Analysis of Behavior, 20,* 163-181

Kamin, L. J. (1968). "Attention-like" processes in classical conditioning. In M. R. Jones (Ed.), *Miami symposium on the prediction of behavior: Aversive stimulation* (pp. 9-31). Coral Gables, FL: University of Miami Press.

Kaneshige, K, Nakajima, S., & Imada, H. (2001). The effect of on- or off-line extinction of a first-order conditioned stimulus on a second-order conditioned response in rats. *Japanese Psychological Research, 43,* 91-97.

Kupalov, P. S. (1961). Some normal and pathological properties of nervous processes in the brain. *An-*

nals of the New York Academy of Sciences, 92, 1046–1053.

Loy, I., Fernández, V., & Acebes, F. (2006). Conditioning of tentacle lowering in the snail (*Helix aspersa*): Acquisition, latent inhibition, overshadowing, second-order conditioning, and sensory preconditioning. *Learning & Behavior, 34*, 305–314.

Miller, G. A., Galanter, E. H., & Pribram, K. H. (1960). *Plans and structure of behavior.* New York: Holt.
十島雍蔵・佐久間章・黒田輝彦・江頭幸晴（訳）（1980）. プランと行動の構造　誠信書房

中島定彦（2014）.「つばきとひきつり」から情報処理へ―現代連合学習理論の50年―　基礎心理学研究, *33*, 36–47.

Pavlov, I.P. (1955). *Selected works.* J. Gibbons (Ed.) & S. Belsky (Trans.). Moscow: Foreign Language Publishing House.

Prados, J., Alvarez, B., Howarth, J., Stewart, K., Gibson, C. L., Hutchinson, C. V., … & Davidson, C. (2013). Cue competition effects in the planarian. *Animal Cognition, 16*, 177–186.

Rescorla, R.A. (1969). Pavlovian conditioned inhibition. *Psychological Bulletin, 72*, 77–94.

Rescorla, R. A. (1973). Effects of US habituation following conditioning. *Journal of Comparative and Physiological Psychology, 82*, 137–143.

Rescorla, R. A. (1974). Effect of inflation of the unconditioned stimulus value following conditioning. *Journal of Comparative and Physiological Psychology, 86*, 101–106.

Rescorla, R. A., & Wagner, A. R. (1972). A theory of Pavlovian conditioning: Variations in the effectiveness of reinforcement and non-reinforcement. In A. H. Black & W. F. Prokasy (Eds.), *Classical conditioning II: Current research and theory* (pp. 64–99). New York: Appleton.

Rizley, R. C., & Rescorla, R. A. (1972). Associations in second-order conditioning and sensory preconditioning. *Journal of Comparative and Physiological Psychology, 81*, 1–11.

Siegel, S. (1982). Pharmacological habituation and learning. In M. L. Commons, R, J. Herrnstein, & A. R. Wagner (Eds.), *Quantitative Analysis of Behavior: Acquisition* (Vol. 3, pp. 288–305). Cambridge, MA: Ballinger.

Siegel, S. (1984). Pavlovian conditioning and heroin overdose: Reports by overdose victims. *Bulletin of the Psychonomic Society, 22*, 428–430.

Siegel, S., & Allan, L. G. (1998). Learning and homeostasis: Drug addiction and the McCollough effect. *Psychological Bulletin, 124*, 230–239.

Siegel, S., & Ellsworth, D. W. (1986). Pavlovian conditioning and death from apparent overdose of medically prescribed morphine: A case report. *Bulletin of the Psychonomic Society, 24*, 278–280.

第 5 章

Amsel, A. (1992). *Frustration theory: An analysis of dispositional learning and memory.* Cambridge:

Cambridge University Press.

Azrin, N. H., & Holz, W. C. (1966). Punishment. In W.K. Honig (Ed.), *Operant behavior: Areas of research and application* (pp. 380–447). New York: Appleton.

Benjamin, L. T., Jr. (1988). A history of teaching machines. *American Psychologist, 43,* 703–712.

Bolles, R. C. (1970). Species-specific defense reactions and avoidance learning. *Psychological Review, 77,* 32–40.

Brown, G. E., Howe, A. R., & Jones, T. E. (1990). Immunization against learned helplessness in the cockroach (*Periplaneta americana*). *Psychological Reports, 67,* 635–640.

Chance, P. (1999). Thorndike's puzzle boxes and the origins of the experimental analysis of behavior. *Journal of the Experimental Analysis of Behavior, 72,* 433–440.

Crowder, N. A. (1959). Automatic tutoring by means of intrinsic programming. In E. Galanter (Ed.), *Automatic teaching: The state of the art* (pp. 109–116). New York: Wiley.

Deci, E. L. (1971). Effects of externally mediated rewards on intrinsic motivation. *Journal of Personality and Social Psychology, 18,* 105–115.

Deci, E. L., & Ryan, R. M. (1980). The empirical exploration of intrinsic motivational processes. In L. Berkowitz (Ed.), *Advances in Experimental Social Psychology* (Vol., 13, pp. 39–80). New York: Academic Press.

Deci, E. L., & Ryan, R. M. (1985). *Intrinsic motivation and self-determination in human behavior.* New York: Plenum.

Dollard, J., Doob, L. W., Miller, N. E., Mowrer, O. H., & Sears, R. R. (1939). *Frustration and aggression.* New Haven, CT: Yale University Press.

Elliott, M. H. (1928). The effect of change of reward on the maze performance of rats. *University of California Publications in Psychology, 4,* 19–30.

Fischer, K. W., Shaver, P. R., & Lazerson, A. (Eds.). (1975). *Psychology today: An introduction* (3rd ed.). New York: Random House.

Fry, E. B. (1963). *Teaching machines and programmed instruction: An introduction.* New York: McGraw-Hill.

Harzem, P. & Miles, T. R. (1978). *Conceptual issues in operant psychology.* London: Wiley.

Herrnstein, R. J. (1966). Superstition: A corollary of the principles of operant conditioning. In W. K. Honig (Ed.), *Operant behavior: Areas of research and application* (pp. 33–51). New York: Appleton.

Hull, C. L. (1937). Mind, mechanism, and adaptive behavior. *Psychological Review, 44,* 1–32.

Justice, T. C., & Looney, T. A. (1990). Another look at "superstitions" in pigeons. *Bulletin of the Psychonomic Society, 28,* 64–66.

Keller, F. S., & Schoenfeld, W. N. (1950). *Principles of psychology*. New York: Appleton.

Leitenberg, H., Rawson, R. A., & Bath, K. (1970). Reinforcement of competing behavior during extinction. *Science, 169*, 301–303.

Maier, N. R. F. (1949). *Frustration: The study of behavior without a goal*. New York: McGraw-Hill.

Maier, S. F., Seligman, M. E. P., Solomon, R. L. (1969). Pavlovian fear conditioning and learned helplessness. In B. A. Campbell & R. M. Church (Eds.), *Punishment and aversive behavior* (pp. 299–343). New York: Appleton.

Michael, J. (1993). Establishing operations. *The Behavior Analyst, 16*, 191–206.

Mowrer, O. H., & Jones, H. (1945). Habit strength as a function of the pattern of reinforcement. *Journal of Experimental Psychology, 35*, 293–311.

Notterman, J. M. (1959). Force emission during bar pressing. *Journal of Experimental Psychology, 58*, 341–347.

Ono, K. (1987). Superstitious behavior in humans. *Journal of the Experimental Analysis of Behavior, 47*, 261–271.

Ono, K. (1994). Verbal control of superstitious behavior: Superstitions as false rules. In S. C. Hayes, L. J. Hayes, M. Sato, & K. Ono (Eds.), *Behavior analysis of language and cognition* (pp. 181–196). Reno, NV: Context Press.

Perin, C. T. (1943). A quantitative investigation of the delay-of-reinforcement gradient. *Journal of Experimental Psychology, 32*, 37–51.

Poling A., Weetjens B., Cox C., Beyene N., Bach H., & Sully A. (2010). Teaching giant African pouched rats to find landmines: Operant conditioning with real consequences. *Behavioral Analysis in Practice, 3*, 19–25.

Premack, D. (1959). Toward empirical behavior laws: I. Positive reinforcement. *Psychological Review, 66*, 219–233.

Pressey, S. L. (1926). A simple apparatus which gives tests and scores and teaches. *School and Society, 23*, 373–376.

Pressey, S. L. (1927). A machine for automatic teaching of drill material. *School and Society, 25*, 549–552.

Pryor, K. (1999). *Clicker training for dogs*. Waltham, MA: Sunshine Books.

Sajwaj, T., Libet, J., & Agras, S. (1974). Lemon juice therapy: The control of life-threatening rumination in a six-month old infant. *Journal of Applied Behavior Analysis, 7*, 557–563.

Sears, R. R. (1943). *Survey of objective studies of psychoanalytic concepts*. New York: Social Science Research Council.

Seligman, M. E. (1975). *Helplessness: On depression, development, and death*. New York: Freeman. 平井

久・木村敏（監訳）（1985）. うつ病の行動学―学習性絶望感とは何か― 誠信書房

Sidman, M. (1953). Avoidance conditioning with brief shock and no exteroceptive warning signal. *Science, 118*, 157–158.

Skinner, B. F. (1938). *The behavior of organisms: An experimental analysis.* New York: Appleton.

Skinner, B. F. (1948). 'Superstition' in the pigeon. *Journal of Experimental Psychology, 38*, 168–172.

Skinner, B. F. (1953). *Science and human behavior.* New York: Macmillan. 河合伊六他（訳）（2003）. 科学と人間行動 二瓶社

Skinner, B. F. (1958). Teaching machines. *Science, 128*, 969–977.

Skinner, B. F. (1965). *The technology of teaching.* New York: Appleton.

Staddon, J. E. R., & Simmelhag, V. L. (1971). The "superstition" experiment: A reexamination of its implications for the principles of adaptive behavior. *Psychological Review, 78*, 3–43.

Thompson, T. (1963). Visual reinforcement in Siamese fighting fish. *Science, 141*, 55–57.

Thompson, T., & Bloom, W. (1966). Aggressive behavior and extinction-induced response-rate increase. *Psychonomic Science, 5*, 335–336.

Thorndike, E. L. (1898). Animal intelligence: An experimental study of the associative processes in animals. *Psychological Review Monograph Supplement, 2* (4, Whole No. 8).

Thorndike, E. L. (1911). *Animal intelligence: Experimental studies.* New York: Macmillan.

Thorndike, E. L. (1913). *Educational psychology, Vol. 2: The psychology of learning.* New York: Teachers College Press,

Timberlake, W., & Allison, J. (1974). Response deprivation: An empirical approach to instrumental performance. *Psychological Review, 81*, 146–164.

Tolman, E. C., & Honzik, C. H. (1930). Introduction and removal of reward, and maze performance in rats. *University of California Publications in Psychology, 4*, 257–275.

Williams, J. L., & Maier, S. F. (1977). Transituational immunization and therapy of learned helplessness in the rat. *Journal of Experimental Psychology: Animal Behavior Processes, 3*, 240–252.

第6章

Bolles, R. C. (1970). Species-specific defense reactions and avoidance learning. *Psychological Review, 77*, 32–40.

Breland, K., & Breland, M. (1961). The misbehavior of organisms. *American Psychologist, 16*, 681–684.

Bussey, T. J., Padain, T. L., Skillings, E. A., Winters, B. D., Morton, A. J., & Saksida, L. M. (2008). The touchscreen cognitive testing method for rodents: How to get the best out of your rat. *Learning & Memory, 15*, 516–523.

Carter, D. E., & Werner, T. J. (1978). Complex learning and information processing by pigeons: A critical analysis. *Journal of the Experimental Analysis of Behavior, 29*, 565–601.

Conger, R., & Killeen, P. (1974). Use of concurrent operants in small group research: A demonstration. *Pacific Sociological Review, 17*, 399–416.

Dobrzecka, C., Szwejkowska, G., & Konorski, J. (1966). Qualitative versus directional cues in two forms of differentiation. *Science, 153*, 87–89.

Dougherty, D. M., & Lewis, P. (1991). Stimulus generalization, discrimination learning, and peak shift in horses. *Journal of the Experimental Analysis of Behavior, 56*, 97–104.

Ferster, C. F., & Skinner, B.F. (1957). *Schedules of reinforcement.* New York: Appleton

Foree, D. D., & LoLordo, V. M. (1973). Attention in the pigeon: Differential effects of food-getting versus shock-avoidance procedures. *Journal of Comparative and Physiological Psychology, 85*, 551–558.

Frick, F. C., Schoenfeld, W. N., & Keller, F. S. (1948). Apparatus designed for introductory psychology at Columbia College. *American Journal of Psychology, 61*, 409–414.

Guttman, N., & Kalish, H. I. (1956). Discriminability and stimulus generalization. *Journal of Experimental Psychology, 51*, 79–88.

Halliday, M. S., & Boakes, R. A. (1971). Behavioral contrast and response independent reinforcement. *Journal of the Experimental Analysis of Behavior, 16*, 429–434.

Hanson, H. M. (1959). Effects of discrimination training on stimulus generalization. *Journal of Experimental Psychology, 58*, 321–334.

Herrick, R. M., Myers, J. L., & Korotkin, A. L. (1959). Changes in S^D and in S^Δ rates during the development of an operant discrimination. *Journal of Comparative and Physiological Psychology, 52*, 359–363.

Herrnstein, R. J. (1961). Relative and absolute strength of response as a function of frequency of reinforcement. *Journal of the Experimental Analysis of Behavior, 4*, 267–272.

Herrnstein, R. J. (1964). "Will" . *Proceedings of the American Philosophical Society, 108*, 455–458.

Rachlin, H., & Green, L. (1972). Commitment, choice and self-control. *Journal of the Experimental Analysis of Behavior, 17*, 15–22.

Reynolds, G. S. (1961). Behavioral contrast. *Journal of the Experimental Analysis of Behavior, 4*, 57–71.

Schilmoeller, G. L., Schilmoeller, K. J., Etzel, B. C., & Leblanc, J. M. (1979). Conditional discrimination after errorless and trial-and-error training. *Journal of the Experimental Analysis of Behavior, 31*, 405–420.

Schindler, C. W., & Weiss, S. J. (1982). The influence of positive and negative reinforcement on selective attention in the rat. *Learning and Motivation, 13*, 304–23.

Shettleworth, S. J. (1975). Reinforcement and the organization of behavior in golden hamsters: Hunger, environment, and food reinforcement. *Journal of Experimental Psychology: Animal Behavior Pro-*

cesses, 1, 56–87.

Sidman, M.（1994）. *Equivalence relations and behavior: A research story*. Boston: Authors Cooperative.

Skinner, B. F.（1956）. A case history in the scientific method. *American Psychologist, 57*, 221–233.

Switalski, R. W., Lyons, J., & Thomas, D. R.（1966）. Effects of interdimensional training on stimulus gen-
eralization. *Journal of Experimental Psychology, 72*, 661–666.

Terrace, H. S.（1966）. Stimulus control. In W. K. Honig（Ed.）. *Operant behavior: Areas of research and
application*（pp. 271–344）. New York: Appleton.

Timberlake, W., & Lucas, G. A.（1989）. Behavior systems and learning: From misbehavior to general
principles. In S. B. Klein & R. R. Mowrer（Eds.）, *Contemporary learning theories: Instrumental
conditioning theory and the impact of biological constraints on learning*（pp. 237–275）. Hillsdale,
NJ: Erlbaum.

第 7 章

Allison, M. G., & Ayllon, T.（1980）. Behavioral coaching in the development of skills in football, gymnas-
tics, and tennis. *Journal of Applied Behavior Analysis, 13*, 297–314.

Atkinson, R. C., & Shiffrin, R. M.（1968）. Human memory: A proposed system and its control processes.
In K. W. Spence & J. T. Spence（Eds.）, *The psychology of learning and motivation*（Vol. 2, pp. 89–
195）. New York: Academic Press.

Ausubel, D. P.（1963）. *The psychology of meaningful learning*. New York: Grune & Stratton.

Baddeley, A. D., & Hitch, G. J.（1974）. Working memory. In G. A. Bower（Ed.）, *The psychology of learn-
ing and motivation: Advances in research and theory*（Vol. 8, pp. 47–89）. New York: Academic
Press.

Baker, K. E., & Wylie, R. C.（1950）. Transfer of verbal training to a motor task. *Journal of Experimental
Psychology, 40*, 632–638.

Bandura, A.（Ed.）（1971）. *Psychological modeling: Conflicting theories*. Chicago: Aldine-Atherton. 原野
広太郎・福島修美（訳）（1975）. モデリングの心理学—観察学習の理論と方法—　金子書房

Bandura, A.（1977）. *Social learning theory*. Englewood Cliffs, NJ: Prentice-Hall. 原野広太郎（監訳）
（1979）. 社会的学習理論—人間理解と教育の基礎—　金子書房

Bandura, A., Ross, D., & Ross, S. A.（1963）. Vicarious reinforcement and imitative learning. *Journal of
Abnormal and Social Psychology, 67*, 601–607.

Bransford, J. D., & Stein, B. S.（1984）. *The IDEAL Problem Solver: A guide for improving thinking,
learning, and creativity*. New York: Freeman. 古田勝久・古田久美子（訳）（1990）. 頭の使い方が
わかる本—問題点をどう発見し、どう解決するか—　HBJ 出版局

Brown, W. L., Overall, J. E., & Gentry, G. V.（1959）. 'Absolute' versus 'relational' discrimination of intermediate size in the rhesus monkey. *American Journal of Psychology, 72,* 593–596.

Bruner, J. S.（1960）. *The process of education.* Cambridge, MA: Harvard University Press. 鈴木祥蔵・佐藤三郎（訳）（1986）. 教育の過程〔新装版〕 岩波書店

Bruner, J. S.（1961）. The act of discovery. *Harvard Educational Review, 31,* 21–32.

Bruner, J. S.（1966）. *Toward a theory of instruction.* Cambridge, MA: Harvard University Press. 田浦武雄・水越敏行（訳）（1983）. 教授理論の建設〔新装版〕 黎明書房

Bruner, J. S.（1996）. *The culture of education.* Cambridge, MA: Harvard University Press. 岡本夏木・池上貴美子・岡村佳子（訳）（2004）. 教育という文化 岩波書店

Bruner, J., Goodnow, J., & Austin, A.（1956）. *A study of thinking.* New York: Wiley. 岸本弘（訳）（1969）. 思考の研究 明治図書

Carmichael, L., Hogan, H. P., & Walter, A. A.（1932）. An experimental study of the effect of language on the reproduction of visually perceived form. *Journal of Experimental Psychology, 15,* 73–86.

Dansereau, D. F., McDonald, B. A., Collins, K. W., Garland, J., Holley, C. D., Diekhoff, G. M., & Evans, S. H.（1979）. Evaluation of a learning strategy system. In H. F. O'Neil, Jr. & C. D. Spielberger（Eds.）, *Cognitive and affective learning*（pp. 3–43）. New York: Academic Press.

Duncan, C. P.（1953）. Transfer in motor learning as a function of degree of first-task learning and inter-task similarity. *Journal of Experimental Psychology, 45,* 1–11.

Epstein, R.（1981）. On pigeons and people: A preliminary look at the Columban Simulation Project. *The Behavior Analyst, 4,* 43–55.

Epstein, R., Kirshnit, C. E., Lanza, R. P., & Rubin, L. C.（1984）. 'Insight' in the pigeon: Antecedents and determinants of an intelligent performance. *Nature, 308,* 61–62.

Fiorito, G., & Scotto, P.（1992）. Observational learning in *Octopus vulgaris. Science, 256,* 545–547.

Gonzalez, R. C., Gentry, G. V., & Bitterman, M. E.（1954）. Relational discrimination of intermediate size in the chimpanzee. *Journal of Comparative and Physiological Psychology, 47,* 385–388

Graf, P., & Schacter, D. L.（1985）. Implicit and explicit memory for new associations in normal and amnesic subjects. *Journal of Experimental Psychology: Learning, Memory, and Cognition, 11,* 501–518.

Greenspoon, J., & Foreman, S.（1956）. Effect of delay of knowledge of results on learning a motor task. *Journal of Experimental Psychology, 51,* 226–228.

James, W.（1890）. *The principles of psychology.* New York: Holt.

Harlow, H. F.（1949）. The formation of learning sets. *Psychological Review, 56,* 51–65.

Hebb, D. O.（1955）. Drives and the C.N.S.（conceptual nervous system）. *Psychological Review, 62,* 243–254.

Hovland, C. I.（1951）. Human learning and retention. In S. S. Stevens（Ed.）, *Handbook of experimental psychology* (pp. 613–689). Oxford: Wiley.

金井嘉宏・楠見孝（編）（2012）. 実践知—エキスパートという知性—　有斐閣

Kientzle, M. J.（1946）. Properties of learning curves under varied distributions of practice. *Journal of Experimental Psychology, 36*, 187–211.

Köhler, W.（1917）. *Intelligenzprüfungen an Menschenaffen*. Berlin: Springer. 宮孝一（訳）（1962）. 類人猿の知恵試験　岩波書店

Lashley, K. S.（1917）. The accuracy of movement in the absence of excitation from the moving organ. *American Journal of Physiology, 43*, 169–194.

Miller, G. A., Galanter, E. H., & Pribram, K. H.（1960）. *Plans and structure of behavior*. New York: Holt. 十島雍蔵・佐久間章・黒田輝彦・江頭幸晴（訳）（1980）. プランと行動の構造　誠信書房

O'Keefe, J., & Nadel, L.（1978）. *The hippocampus as a cognitive map*. Oxford: Clarendon Press.

Osgood, C. E.（1949）. The similarity paradox in human learning: A resolution. *Psychological Review, 56*, 132–143.

Oxendine, J. B.（1970）. Emotional arousal and motor performance. *Quest, 13*, 23–30.

Pechstein, L. A.（1917）. Whole vs. part methods in motor learning. A comparative story. *Psychological Monographs, 23*（2）, Whole No. 99.

Peterson, J.（1917）. Experiments in ball-tossing: The significance of learning curves. *Journal of Experimental Psychology, 2*, 178–224.

Polya, G.（1945）. *How to solve it : A new aspect of mathematical method*. Princeton, NJ: Princeton University Press. 柿内賢信（訳）（1975）. いかにして問題をとくか　丸善出版

Robinson, F. P.（1961）. *Effective study*（3rd ed）. New York: Harper & Row.

Rosch, E.（1975）. Cognitive representations of semantic categories. *Journal of Experimental Psychology: General, 104*, 192–233.

Schmidt, R. A.（1975）. A schema theory of discrete motor skill learning. *Psychological Review, 82*, 225–260.

Schuster, S., Wöhl, S., Griebsch, M., & Klostermeier, I.（2006）. Animal cognition: how archer fish learn to down rapidly moving targets. *Current Biology, 16*, 378–383.

Schusterman, R. J.（1964）. Successive discrimination-reversal training and multiple discrimination training in one-trial learning by chimpanzees. *Journal of Comparative and Physiological Psychology, 58*, 153–156.

Skinner, B. F.（1953）. *Science and human behavior*. New York: Macmillan. 河合伊六他（訳）（2003）. 科学と人間行動　二瓶社

Singer, R. N.（1968）. *Motor learning and human performance*. New York: Macmillan. 松田岩男（監訳）（1979）. 運動学習心理学　大修館書店

Spence, K. W. (1937). The differential response in animals to stimuli varying within a single dimension. *Psychological Review, 44*, 430-444.

Squire, L. R., & Knowlton, B. J. (1994). Memory, hippocampus and brain systems. In M. Gazzaniga (Ed.), T*he cognitive neurosciences* (pp. 825-831). Cambridge, MA: MIT Press.

辰野千壽 (1973). 学習心理学総説　金子書房

辰野千壽 (1997). 学習方略の心理学—賢い学習者の育て方—　図書文化

辰野千壽 (2006). 学び方の科学—学力向上に活かす AAI—　図書文化

Thorndike, E. L., Terman, L. M., Freeman, F. M., Colvin, S. S., Pintner, R., & Pressey, S. L. (1921). Intelligence and its measurement: A symposium. *Journal of Educational Psychology, 12*, 123-147.

Tolman, E. C. (1932). Purposive behavior in animals and men. New York: Appleton. 富田達彦 (訳) (1977). 新行動主義心理学—動物と人間における目的的行動—　清水弘文堂

Tolman, E. C. (1948). Cognitive maps in rats and men. *Psychological Review, 55*, 189-208.

Trowbridge, M. H., & Cason, H. (1932). An experimental study of Thorndike's theory of learning. *Journal of General Psychology, 7*, 245-260.

Tulving, E. (1972). Episodic and semantic memory. In E. Tulving and. W. Donaldson (Eds.), *Organization of memory* (pp. 381-403). New. York: Academic Press.

Wallas, G. (1926). *The art of thought*. London: Cape. 松本剛史 (訳) (2020). 思考の技法　筑摩書房

Weinstein, C. E., & Mayer, R. E. (1986). The teaching of learning strategies. In M. Wittrock (Ed.), *The handbook of research on teaching* (pp. 315-327). New York: Macmillan.

Wertheimer, M. (1945). *Productive thinking*. New York: Harper. 矢田部達郎 (訳) (1952). 生産的思考　岩波書店

Williams, O. (1926). A study of the phenomenon of reminiscence. *Journal of Experimental Psychology, 9*, 368-387.

Wittgenstein L. (1953). *Philosophical investigations* (G. E. M. Anscombe trans.). Oxford: Blackwell. 丘沢静也 (訳) (2013). 哲学探究　岩波書店

Yerkes, R. M., & Dodson, J. D. (1908). The relation of strength of stimulus to rapidity of habit-formation. *Journal of Comparative Neurology and Psychology, 18*, 459-482.

第8章

Austin, J. L. (1962). *How to do things with words*. Cambridge, MA: Harvard University Press. 坂本百大 (訳) (1978). 言語と行為　大修館書店

Carnap, R. (1942). *Introduction to semantics*. Cambridge, MA: Harvard University Press. 遠藤弘 (訳) (1975). 意味論序説　紀伊國屋書店

Chomsky, N. (1957). *Syntactic structures*. The Hague, Netherland: Mouton. 勇康雄 (訳) (1965). 文法の

　　構造　研究社

Chomsky, N.（1965）. *Aspects of the theory of syntax*. Cambridge, MA: MIT Press. 安井稔（訳）（1970）.
　　文法理論の諸相　研究社

Chomsky, N.（1973）. Conditions on transformations. In S. Anderson & P. Kiparsky（Eds.）, *A festschrift for Morris Halle*（pp.232–286.）. New York: Holt.

Chomsky, N.（1981）. *Lectures on government and binding: The Pisa Lectures*. Dordrecht, Netherland:
　　Foris. 安井稔・原口庄輔（訳）（1986）. 統率・束縛理論　研究社

Chomsky, N.（1995）. *The minimalist program*. Cambridge, MA: MIT Press. 外池滋生・大石正幸（監
　　訳）（1998）. ミニマリスト・プログラム 翔泳社

Collins, A. M., & Loftus, E. F.（1975）. A spreading-activation theory of semantic processing. *Psychological Review*, *82*, 407–428.

Collins, A. M., & Quillian, M. R.（1969）. Retrieval time from semantic memory. *Journal of Verbal Learning and Verbal Behavior*, *8*, 240–247.

Garrett, M., & Fodor, J. A.（1968）. Psychological theories and linguistic constructs. In T. R. Dixon & D.
　　L. Horton（Eds.）, *Verbal behavior and general behavior theory*（pp. 451–477）. Englewood Cliffs,
　　NJ: Prentice-Hall.

Grice, H. P.（1989）. *Studies in the way of words*. Cambridge, MA: Harvard University Press. 清塚邦彦
　　（訳）（1998）. 論理と会話　勁草書房

今井田亜弓（2006）. 若い日本人女性のピッチ変化に見る文化的規範の影響　言語文化論集（名古屋大学），
　　27（2）, 13–26.

神尾昭雄（1990）. 情報のなわ張り理論―言語の機能的分析―　大修館書店

Kay, P., & Kempton, W.（1984）. What is the Sapir-Whorf hypothesis? *American Anthropologist*, *86*, 65–
　　79.

金田一春彦（1978）. 擬音語・擬態語解説 浅野鶴子（編），擬音語・擬態語辞典（pp. 3–25）. 角川書店

McGurk, H., & MacDonald, J.（1976）. Hearing lips and seeing voices. *Nature*, *264*, 746–748.

Meyer, D. E., & Schvaneveldt, R. W.（1971）. Facilitation in recognizing pairs of words: Evidence of a dependence between retrieval operations. *Journal of Experimental Psychology*, *90*, 227.

Meyer, D. E., Schvaneveldt, R. W., & Ruddy, M. G.（1972, November）. *Activation of lexical memory*.
　　Paper presented at the 13th Annual Meeting of the Psychonomic Society, St. Louis. Retrieved
　　from: https://www.researchgate.net/profile/David_Meyer5/publication/237067037_Activation_of_
　　Lexical_Memory/links/00b7d51b24583f099d000000.pdf

Miller, G. A..（1962）. Some psychological studies of grammar. *American Psychologist*, *20*, 15–20.

西尾正輝・新美成二（2005）. 加齢に伴う話声位の変化　音声言語医学, *46*, 136–144.

Ogden, C.K. & Richards, I.A.（1923）. *The meaning of meaning. A study of the influence of language upon thought and of the science of symbolism*. London: Routledge & Kegan Paul. 石橋幸太郎（訳）（2008）. 意味の意味［新装版］　新泉社

Okada, Y., Murata, M., & Toda, T. (2016). Effects of levodopa on vowel articulation in patients with Parkinson's disease. *Kobe Journal of Medical Sciences, 61*, E144–154.

Ramachandran, V. S., & Hubbard, E. M. (2001). Synaesthesia: A window into perception, thought and language. *Journal of Consciousness Studies, 8*, 3–34.

坂本 勉（2000）. 言語認知　行場次郎・箱田裕司（監修），知性と感性の心理―認知心理学入門―（pp. 153 –169）　福村出版

Sapir, E. (1931). Conceptual categories in primitive languages. *Science, 74*, 578. 池上嘉彦（編訳）（1995）. 文化人類学と言語学　弘文堂 に「原始言語における概念範疇」として所収, pp. 4–5

Searle, J. (1969). *Speech acts: An essay in the philosophy of language*. Cambridge: Cambridge University Press. 坂本百大・土屋俊（訳）（1986）. 言語行為―言語哲学への試論―　勁草書房

Sperber, D., & Wilson, D. (1995). *Relevance: Communication and cognition* (2nd ed.). Oxford: Blackwell. 内田聖二・宋南先・中逵俊明・田中圭子（訳）（2000）. 関連性理論―伝達と認知―〔第 2 版〕　研究社

Thorndike, E.L. (1921). *The teacher's word book*. New York: Teachers College.

Whorf, B. L. (1940). Science and linguistics. *Technology Review, 42*, 229–231. 池上嘉彦（編訳）（1995）. 文化人類学と言語学　弘文堂 に「科学と言語学」として所収, pp. 47–63.

Whorf, B. L. (1941a). Language and logic. *Technology Review, 43*, 250–252. 池上嘉彦（編訳）（1995）. 文化人類学と言語学　弘文堂 に「言語と論理」として所収, pp. 65–81.

Whorf, B. L. (1941b). The relation of habitual thought and behavior to language. In L. Spier, A. I. Hallowell, & S. S. Newman (Eds.), *Language, culture, and personality: Essays in memory of Edward Sapir* (pp. 75–93). Menasha, WI: Sapir Memorial. 池上嘉彦（編訳）（1995）. 文化人類学と言語学　弘文堂 に「習慣的な思考および行動と言語との関係」として所収, pp. 9–46.

山田恒夫・足立隆弘・ATR 人間情報通信研究所（1998）. 英語リスニング科学的上達法　講談社

第 9 章

Brown, R. (1973). *A first language*. Cambridge, MA.: Harvard University Press.

Bruner, J.S. (1983). *Child's talk: Learning to use language*. New York: Norton. 寺田晃・本郷一夫（訳）（1988）. 乳幼児の話しことば―コミュニケーションの学習―　新曜社

Carey, B. (2007, September 10). Alex, a parrot who had a way with words, dies. *New York Times*. Retrieved August 9, 2016, from http://www.nytimes.com/2007/09/10/science/10cnd-parrot.html

Cheney, D. L., & Seyfarth, R. M. (1990). *How monkeys see the world: Inside the mind of another species*. Chicago: University of Chicago Press.

Chomsky, N. (1959). A review of B. F. Skinner's *Verbal Behavior. Language, 35*, 26–58.

Chomsky, N. (1988). *Language and problems of knowledge*. Cambridge, MA: MIT Press. 田窪行則・郡司隆男（訳）(1989). 言語と知識―マナグア講義録〈言語学編〉―　産業図書

Corballis, M. C. (1999). The gestural origins of language. *American Scientist, 87*, 138–145.

Dunbar, R. (1997). *Grooming, gossip and the evolution of language*. Cambridge, MA: Harvard University Press. 松浦俊輔・服部清美（訳）(1998). ことばの起源　青土社

Ferretti, F., & Adornetti, I. (2014). Origin and evolution of language: A close look at human nature. *Humana.Mente Journal of Philosophical Studies, 27*, III–VI.

Gardner, R. A., & Gardner, B. T. (1969). Teaching sign language to a chimpanzee. *Science, 165*, 664–672.

Gardner, R. A., Gardner, B. T., & Van Cantfort, T. (Eds.) (1989). *Teaching sign language to chimpanzees*. Albany, NY: State University of New York Press.

Gisiner, R., & Schusterman, R. J. (1992). Sequence, syntax, and semantics: Responses of a language-trained sea lion (*Zalophus californianus*) to novel sign combinations. *Journal of Comparative Psychology, 106*, 78–91.

花田敬一・古賀正躬・正木嘉美 (1985). 武道に対するイメージについて―比較格技の立場から―　日本体育学会第36回大会発表論文集, p. 740.

八田武志 (1990). 脳と行動のしくみ　医歯薬出版

Hayes, C. (1951). *The ape in our house*. New York: Harper. 林寿郎（訳）(1953). 密林から来た養女―チンパンジーを育てる―　法政大学出版局

Hayes, S. C., Barnes-Holmes, D., & Roche, B. (Eds.). (2001). *Relational frame theory: A post-Skinnerian account of human language and cognition*. New York: Plenum.

Hayes, S. C., Luoma, J. B., Bond, F. W., Masuda, A., & Lillis, J. (2006). Acceptance and commitment therapy: Model, processes and outcomes. *Behaviour Research and Therapy, 44*, 1–25.

Hayes, S. C., Strosahl, K. D., Wilson, K. G. (2012). *Acceptance and commitment therapy: The process and practice of mindful change* (2nd ed.). New York: Guilford Press 武藤崇・三田村仰・大月友（監訳）(2014). アクセプタンス＆コミットメント・セラピー（ACT）第２版―マインドフルネスな変化のためのプロセスと実践―　星和書店

Herman, L. M., Richards, D. G. & Wolz, J. P. (1984). Comprehension of sentences by bottlenosed dolphins. *Cognition, 16*, 129–219.

Hockett, C. (1969). The problem of universals in language. In J. Greenberg (Ed.), *Universals of language* (pp. 1–29). Cambridge, MA: MIT Press.

Hull, C. L. (1931). Goal attraction and directing ideas conceived as habit phenomena. *Psychological Review, 38*, 487–506.

Ibbotson, P., & Tomasello, M. (2016). Language in a new key. *Scientific American, 315*（5）, 70–75. 辻幸夫（監修）・日経サイエンス編集部（訳）（2017）. チョムスキーを超えて―普遍文法は存在しない―日経サイエンス, *49（5）*, 52–58.

川村多実二（1974）. 鳥の歌の科学（改訂新版）中央公論社

Kellogg, W. N., & Kellogg, L. A. (1933). *The ape and the child: A study of environmental influence upon early behavior.* Oxford, UK: Whittlesey House.

Kiriazis, J., & Slobodchikoff, C. N. (2006). Perceptual specificity in the alarm calls of Gunnison's prairie dogs. *Behavioural Processes, 73*, 29–35.

小林哲生・南泰浩・杉山弘晃（2013）. 語彙爆発の新しい視点：日本語学習児の初期語彙発達に関する縦断データ解析　ベビーサイエンス, *12*, 40–55.

Langacker, R. (1987). *Foundations of cognitive grammar Vol. 1: Theoretical prerequisites.* Stanford, CA: Stanford University Press.

Langacker, R. (2009). A dynamic view of usage and language acquisition. *Cognitive Linguistics, 23*, 627–640.

Lenneberg, E. H. (1967). *Biological foundations of language.* New York: Wiley. 佐藤方哉・神尾昭雄（訳）（1974）. 言語の生物学的基礎　大修館書店

Marler, P., & Peters, S. (1982). Structural changes in song ontogeny in the swamp sparrow *Melospiza georgiana. Auk, 99*, 446–458.

Matsuzawa, T. (2003). The Ai project: Historical and ecological contexts. *Animal Cognition, 6*, 199–211.

Miles, H. L. (1980). Acquisition of gestural signs by an infant orangutan (*Pongo pygmaeus*). *American Journal of Physical Anthropology, 52*, 256–257.

Mowrer, O. (1954). The psychologist looks at language. *American Psychologist, 9*, 660–694.

Müller, F. M. (1861). *Lectures on the science of language.* London: Longman.

中西靖子・大和田健次郎・藤田紀子（1972）. 構音検査とその結果に関する報告　東京学芸大学特殊教育研究施設報, *1*, 1–41.

Osgood, C. E., Suci, G., & Tannenbaum, P. (1957). *The measurement of meaning.* Urbana, IL: University of Illinois Press.

Patterson, F. G. (1978). Linguistic capabilities of a young lowland gorilla. In F. C. C. Peng (Ed.), *Sign language and language acquisition in man and ape: New dimensions in comparative pedolinguistics* (pp. 161–201). Boulder, CO: Westview Press. 神田和幸（訳）（1981）. 手話と文化―類人猿の言語と人間言語の起源―　文化評論出版

Pepperberg, I. M. (1981). Functional vocalizations by an African grey parrot (*Psittacus erithacus*). *Zeitschrift für Tierpsychologie, 55*, 139–160.

Pepperberg, I. M. (1994). Vocal learning in grey parrots (*Psittacus erithacus*): Effects of social interaction, reference, and context. *Auk, 111*, 300–313

Piaget, J.（1923）. *Le langage et la pensée chez l'enfan*t. Paris: Delachaux et Niestlé. 大伴茂（訳）（1954）. 児童の自己中心性　同文書院

Premack, A. J., & Premack, D.（1972）. Teaching language to an ape. *Scientific American, 227*, 92–99. 岡野恒也（訳）（1972）. チンパンジーに言葉を教える　日経サイエンス, 12月号, 2-12.

Premack, D.（1970）. A functional analysis of language. *Journal of the Experimental Analysis of Behavior, 14*, 107–125.

Reese, H. W., & Fremouw, W. J.（1984）. Normal and normative ethics in behavioral sciences. *American Psychologist, 39*, 863–876.

Rumbaugh, D. M., Gill, T. V., & von Glasersfeld, E. C.（1973）. Reading and sentence completion by a chimpanzee（*Pan*）. *Science, 182*, 731–733.

Savage-Rumbaugh, E. S., Rumbaugh, D. M., & Boysen, S.（1978）. Symbolic communication between two chimpanzees（*Pan troglodytes*）. *Science, 201*, 641–644.

Seyfarth, R. M., Cheney, D. L., & Marler, P.（1980）. Monkey responses to three different alarm calls: Evidence of predator classification and semantic communication. *Science, 210*, 801–803.

Schusterman, R. J., & Krieger, K.（1984）. California sea lions are capable of semantic comprehension. *The Psychological Record, 34*, 3–23.

Skinner, B. F.（1957）. *Verbal behavior*. New York: Appleton.

Skinner, B. F.（1966）. An operant analysis of problem solving. In B. Kleinmuntz（Ed.）, *Problem solving: Research, method, and theory*（pp. 225–257）. New York: Wiley.

Terrace, H. S., Petitto, L. A., Sanders, R. J., & Bever, T. G.（1979）. Can an ape create a sentence? *Science, 206*, 891–902.

Tomasello, M.（1999）. *The cultural origins of human cognition*. Cambridge, MA: Harvard University Press. 大堀壽夫・中澤恒子・西村義樹・本多啓（訳）（2006）. 心とことばの起源を探る―文化と認知―　勁草書房

Tomasello, M.（2003）. *Constructing a language: A usage-based theory of language acquisition*. Cambridge, MA: Harvard University Press. 辻幸夫・野村益寛・出原健一・菅井三実・鍋島弘治朗・森吉直子（訳）（2008）. ことばをつくる―言語習得の認知言語学的アプローチ―　慶應義塾大学出版会

Tomasello, M.（2008）. *Origins of human communication*. Cambridge, MA: MIT Press. 松井智子・岩田彩志（訳）（2013）. コミュニケーションの起源を探る　勁草書房

von Frisch, K.（1971）. *Bees: Their vision, chemical senses, and language*（2nd ed.）. Ithaca, NY: Cornell University Press. 伊藤智夫（訳）（1986）. ミツバチの不思議（第2版）法政大学出版局

Vygotsky, L. S.（1962）. *Thought and languag*e（W. H. Gantt Trans.）. Cambridge, MA: MIT Press. 柴田

義松（訳）（2001）. 思考と言語［新訳版］　新読書社［ロシア語原典（1934）からの翻訳］

Zettle, R. D., & Hayes, S. C. (1982). Rule governed behavior: A potential theoretical framework for cognitive behavior therapy. In P. C. Kendall (Ed.), *Advances in cognitive behavioral research and therapy* (pp. 73–118). New York: Academic Press.

事項索引

人名索引

■著者略歴

中島定彦（なかじま　さだひこ）
　関西学院大学文学部総合心理科学科教授　博士（心理学）（慶應義塾大学）
　1965年 高知市生まれ
　1988年に上智大学文学部心理学科を卒業し、慶應義塾大学大学院社会学研究科心理学専攻に進学。
日本学術振興会特別研究員PD（関西学院大学）、同海外特別研究員（ペンシルベニア大学）を経て
1997年に関西学院大学専任講師。助教授、准教授を経て2009年より現職。2007～2008年にシドニー
大学客員研究員。
　現在、関西心理学会会長、日本動物心理学会理事長（会長）、公益社団法人日本心理学会理事、日
本基礎心理学会理事、国際比較心理学会機関誌編集委員などを務める。
　著書に『学習の心理―行動のメカニズムを探る―』［共著］（サイエンス社、2000、第2版：2019）、
『アニマルラーニング―動物のしつけと訓練の科学―』（ナカニシヤ出版、2002）、『学習心理学にお
ける古典的条件づけの理論―パヴロフから連合学習研究の最先端まで―』［編著］（培風館、2003）、『行
動生物学辞典』［共編著］（東京化学同人、2013）、『行動分析学事典』［共編著］（丸善、2019）、『動物
心理学―心の射影と発見―』（昭和堂、2019）、『動物心理学への扉―異種の「こころ」を知る』（昭和堂、
2023）など。

学習と言語の心理学

2020年 6 月 1 日　初版第 1 刷発行
2024年 9 月30日　初版第 5 刷発行

著　者　中島定彦

発行者　杉田啓三

〒 607-8494　京都市山科区日ノ岡堤谷町 3-1
発行所　株式会社　昭和堂
ＴＥＬ（075）502-7500／ＦＡＸ（075）502-7501

©2020 中島定彦　　　　　　　　　　　　　印刷　亜細亜印刷

ISBN978-4-8122-1928-7
＊乱丁・落丁本はお取り替えいたします。
Printed in Japan

動物心理学
──心の射影と発見──

中島定彦 著

昭和堂

動物心理学─心の射影と発見─
中島定彦　著
Ａ５判　496頁　定価：本体5,000円＋税

昭和堂ホームページ　http://www.showado-kyoto.jp